Impressum
Verlag: BABADADA GmbH, Nedderfeld 112 , 22529 Hamburg
Geschäftsführer / Verlagsleitung: Harald Hof
Druck: Books on Demand GmbH, In de Tarpen 42, 22848 Norderstedt

Imprint
Publisher: BABADADA GmbH, Nedderfeld 112 , 22529 Hamburg, Germany
Managing Director / Publishing direction: Harald Hof
Print: Books on Demand GmbH, In de Tarpen 42, 22848 Norderstedt

l'école

դպրոց

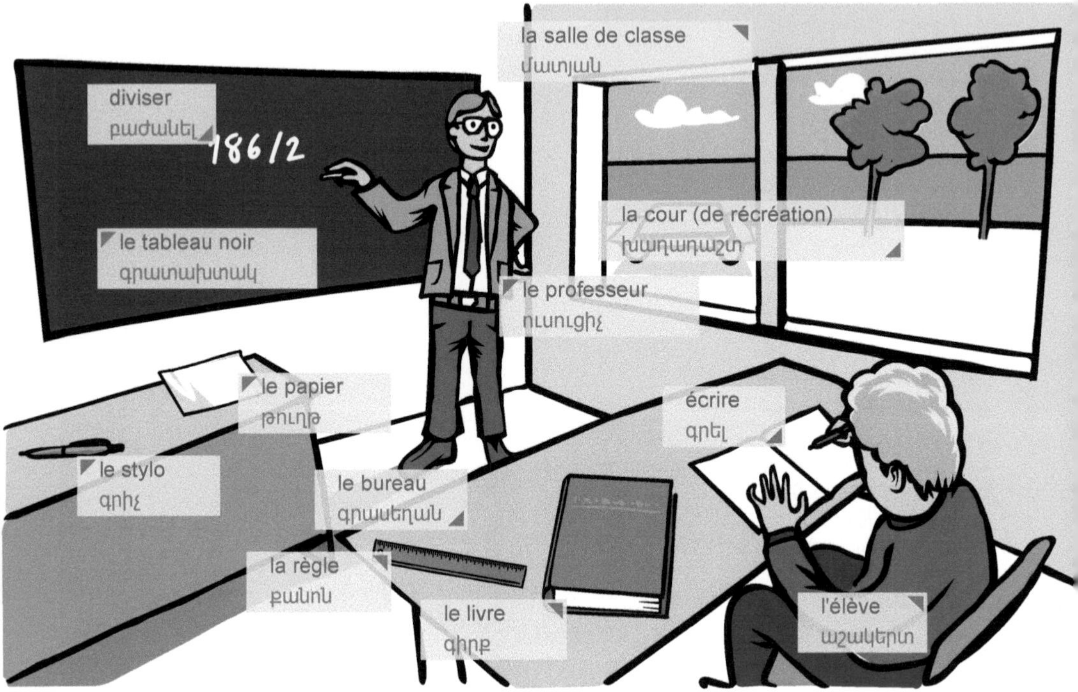
diviser
բաժանել
186/2
le tableau noir
գրատախտակ
la salle de classe
մատյան
la cour (de récréation)
խաղադաշտ
le professeur
ուսուցիչ
le papier
թուղթ
écrire
գրել
le stylo
գրիչ
le bureau
գրասեղան
la règle
քանոն
le livre
գիրք
l'élève
աշակերտ

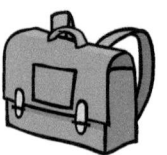

le cartable

պայուսակ

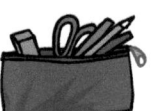

la trousse

գրչատուփ

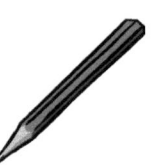

le crayon

մատիտ

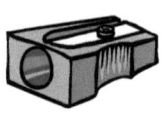

le taille-crayon

մատիտի սրիչ

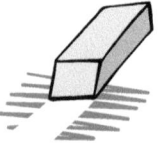

la gomme

ռետին

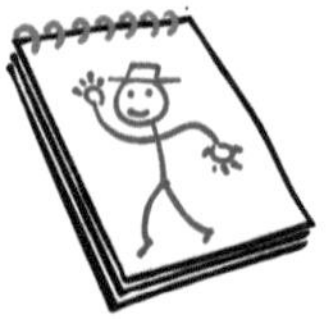

le carnet à dessin

նկարչական ալբոմ

le dessin

նկարչություն

le pinceau

վրձին

la boîte de peinture

ներկերի տուփ

les ciseaux

մկրատ

la colle

սոսինձ

le cahier d'exercices

տետր

les devoirs

Տնային աշխատանք

12

le chiffre

թիվ

2+2

additionner

գումարել

5-2

soustraire

հանել

2×2

multiplier

բազմապատկել

calculer

հաշվել

A

la lettre

տառ

ABCDEFG HIJKLMN OPQRSTU VWXYZ

l'alphabet

այբուբեն

le mot

բառ

le texte

տեքստ

lire

կարդալ

la craie

կավիճ

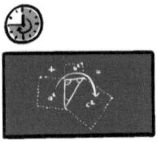

la leçon

դաս

le livre de classe

մատյան

l'examen

քննություն

le certificat

վկայական

l'uniforme scolaire

դպրոցական համազգեստ

la formation

կրթություն

le lexique

հանրագիտարան

l'université

համալսարան

le microscope

մանրադիտակ

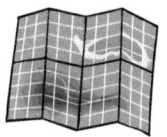

la carte

քարտեզ

la corbeille à papier

աղբարկղ

le voyage

ճանապարհորդություն

l'hôtel
հյուրանոց
Grand
l'auberge
հանրակացարան
ROOMS
le bureau de change
փոխանակման կետ
CHANGE
la valise
ճամպրուկ
la voiture
ավտոմեքենա

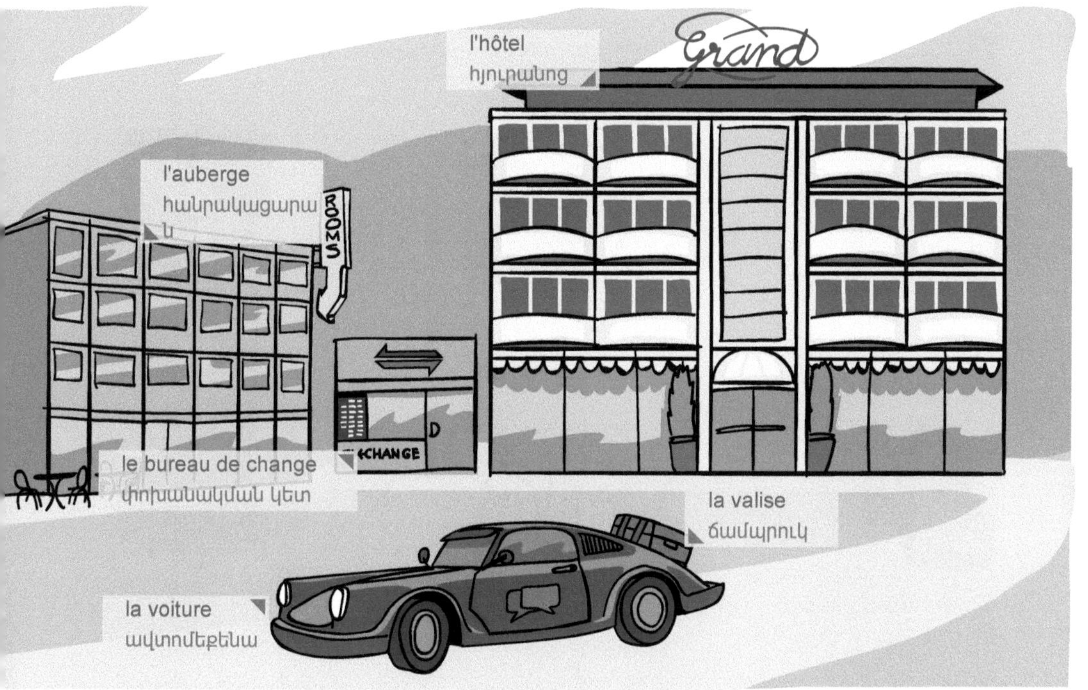

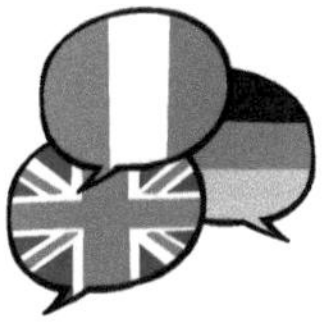

la langue

լեզու

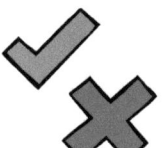

oui / non

այո / ոչ

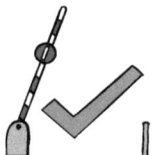

d'accord

Լավ

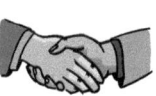

Salut

ողջույն

l'interprète

թարգմանիչ

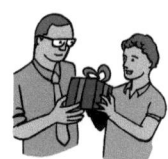

merci

Շնորհակալություն

Combien coûte...?

Որքա՞ն է ...?

Je ne comprends pas

Ես չեմ հասկանում

le problème

խնդիր

Bonsoir !

Բարի երեկո

Bonjour !

Բարի լույս

Bonne nuit !

Բարի երեկո

Au revoir

ցտեսություն

la direction

ուղղություն

les bagages

ուղեբեռ

le sac

պայուսակ

le sac-à-dos

մեջքի պայուսակ

l'hôte

հյուր

la pièce

սենյակ

le sac de couchage

քնապարկ

la tente

վրան

l'office de tourisme

Զբոսաշրջության տեղեկատվական

la plage

լողափ

la carte de crédit

ԿՐԵԴԻՏ քարտ

le petit-déjeuner

նախաճաշ

le déjeuner

լանչ

le dîner

ճաշ

le billet

տոմս

l'ascenseur

վերելակ

le timbre

կնիք

la frontière

սահման

la douane

մաքսային

l'ambassade

դեսպանություն

le visa

մուտքի արտոնագիր

le passeport

անձնագիր

le transport
Փոխադրամիջոցներ

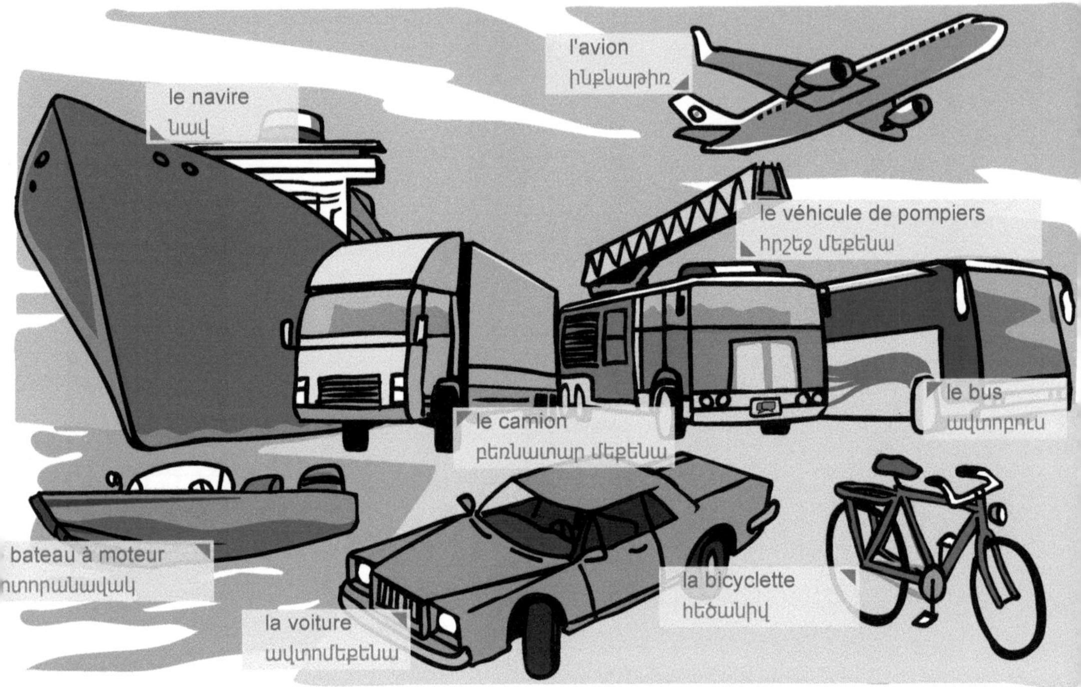

l'avion
ինքնաթիռ
le navire
նավ
le véhicule de pompiers
հրշեջ մեքենա
le bus
ավտոբուս
le camion
բեռնատար մեքենա
bateau à moteur
ոտորանավակ
la bicyclette
հեծանիվ
la voiture
ավտոմեքենա

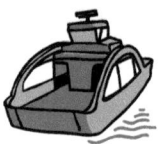

le ferry

լաստանավ

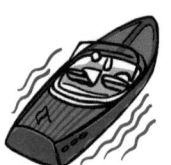

la barque

նավակ

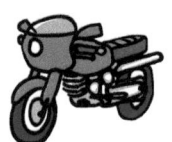

la moto

մոտոցիկլ

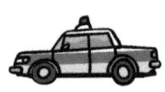

la voiture de police

ոստիկանության մեքենա

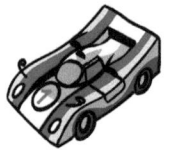

la voiture de course

մրցարշավային մեքենա

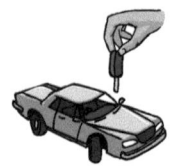

la voiture de location

վարձակալվող մեքենա

l'auto-partage

մեքենայի վարձակալում

la voiture de remorquage

էվակուատոր

la benne à ordures

աղբահանության մեքենա

le moteur

շարժիչ

l'essence

վառելիք

la station d'essence

բենզալցակայան

le panneau indicateur

երթևեկության նշան

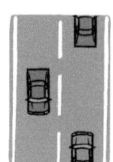

le trafic

երթևեկություն

l'embouteillage

խցանում

le parking

ավտոկանգառ

la gare

երկաթուղային կայարան

les rails

երկաթուղագիծ

le train

գնացք

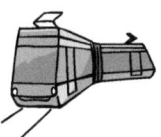

le tramway

տրամվայ

le wagon

վագոն

l'hélicoptère

ուղղաթիռ

l'aéroport

օդանավակայան

la tour

աշտարակ

le passager

ուղեւոր

le conteneur

աման

le carton

խավաքարտ

le chariot

սայլ

la corbeille

զամբյուղ

décoller / atterrir

հանել / հողատարածք

la ville

քաղաք

le village

գյուղ

le centre-ville

քաղաքի կենտրոնում

la maison

տուն

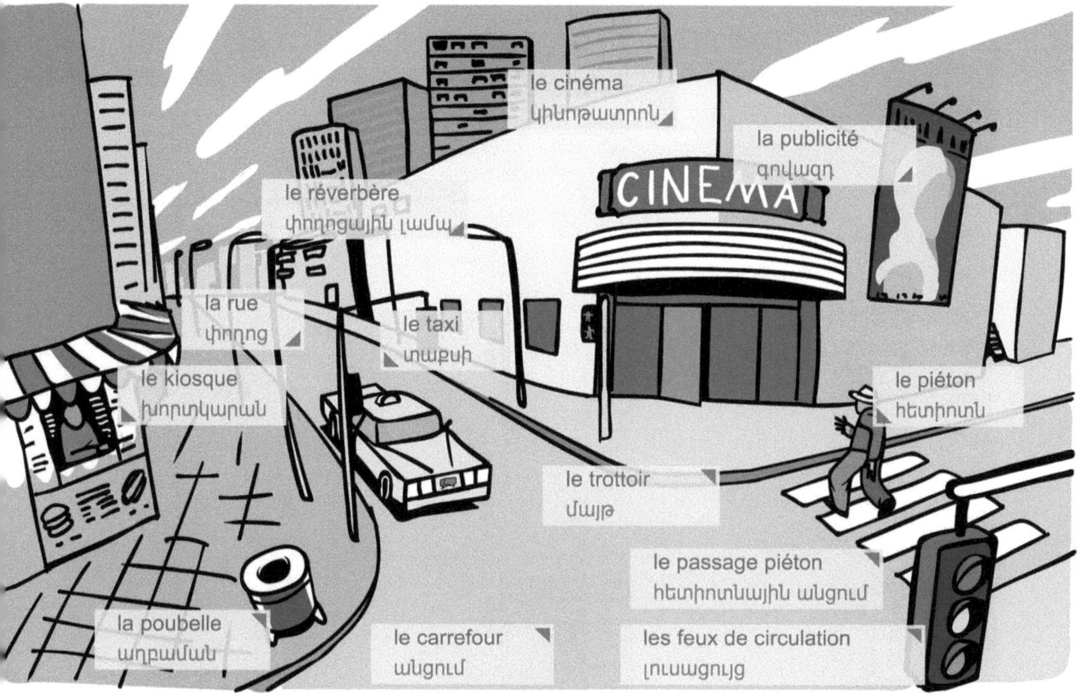

le cinéma
կինոթատրոն

la publicité
գովազդ

le réverbère
փողոցային լամպ

CINEMA

la rue
փողոց

le taxi
տաքսի

le kiosque
խորտկարան

le piéton
հետիոտն

le trottoir
մայթ

le passage piéton
հետիոտնային անցում

la poubelle
աղբաման

le carrefour
անցում

les feux de circulation
լուսացույց

la cabane

խրճիթ

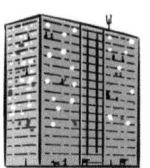

l'appartement

բնակարան

la gare

երկաթուղային կայարան

la mairie

քաղաքապետարան

le musée

թանգարան

l'école

դպրոց

l'université

համալսարան

la banque

բանկ

l'hôpital

հիվանդանոց

l'hôtel

հյուրանոց

la pharmacie

դեղատուն

le bureau

գրասենյակ

la librairie

գրքույկ խանութ

le magasin

խանութ

le fleuriste

ծաղկի խանութ

le supermarché

սուպերմարկետ

le marché

շուկա

le grand magasin

հանրախանութ

la poissonnerie

ձկան խանութ

le centre commercial

առևտրի կենտրոն

le port

նավահանգիստ

12   la ville - քաղաք

le parc

զբոսայգի

la banque

բանկերը

le pont

կամուրջ

les escaliers

աստիճաններ

le métro

մետրո

le tunnel

թունել

l'arrêt de bus

ավտոբուսի կանգառ

le bar

բար

le restaurant

ռեստորան

la boîte à lettres

փոստարկղ

le panneau indicateur

փողոցային նշան

le parcmètre

ավտոկայանման հաշվիչ

le zoo

կենդանաբանական այգի

le réverbère

լողավազան

la mosquée

մզկիթ

la ferme

ֆերմա

la pollution

աղտոտման

la cimetière

գերեզմանոց

l'église

եկեղեցի

l'aire de jeux

խաղահրապարակ

le temple

տաճար

le paysage

բնապատկեր

la feuille
փետղ

le panneau indicateur
ուղղության նշան

le chemin
ճանապարհ

le pré
մարգագետին

la pierre
քար

l'arbre
ծառ

le randonneur
արշավականներ

la rivière
գետ

l'herbe
խոտ

la fleur
ծաղիկ

la vallée

հովիտ

la montagne

բլուր

le lac

լիճ

la forêt

անտառ

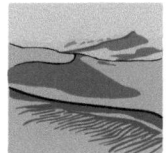

le désert

անապատ

le volcan

հրաբուխ

le château

ամրոց

l'arc-en-ciel

ծիածան

le champignon

սունկ

le palmier

արմավենու ծառ

le moustique

մժեղ

la mouche

թռչել

les fourmis

մրջյուն

l'abeille

մեղու

l'araignée

սարդ

le coléoptère

բզեզ

la grenouille

գորտ

l'écureuil

սկյուռ

le hérisson

ոզնի

le lièvre

նապաստակ

la chouette

բու

l'oiseau

թռչուն

le cygne

կարապ

le sanglier

վարազ

le cerf

եղջերու

l'élan

իշայծյամ

le barrage

պատնեշ

l'éolienne

քամին տուրբինների

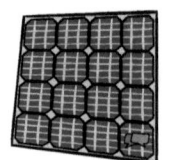

le panneau solaire

արեւային վահանակ

le climat

կլիմա

le restaurant

ռեստորան

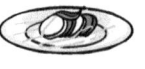

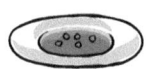

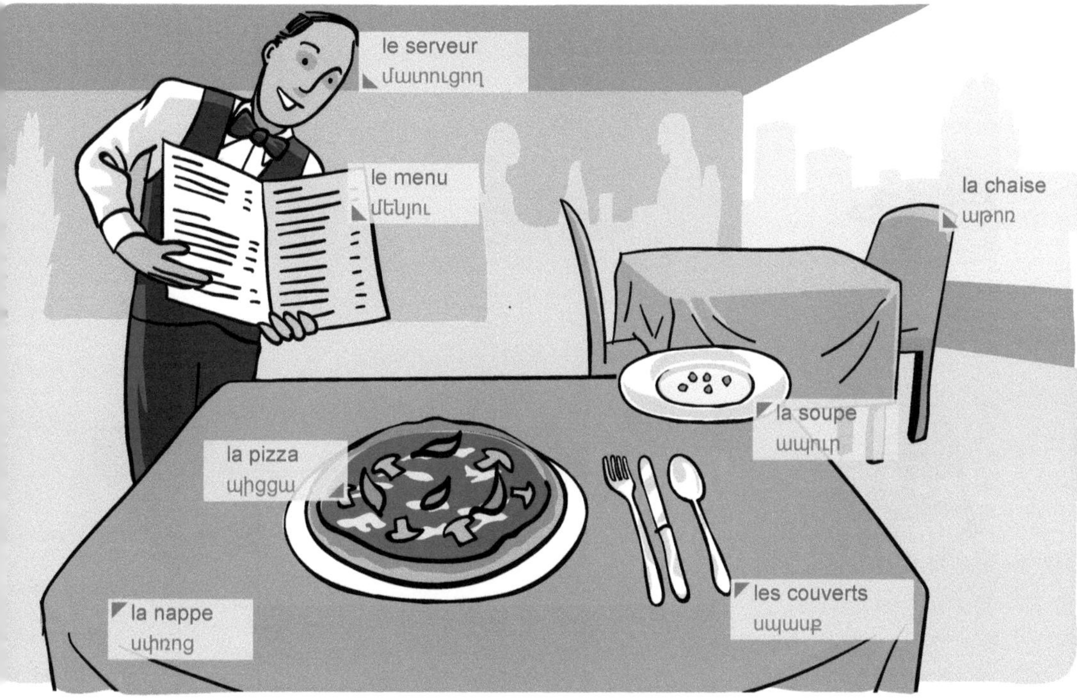
le serveur
մատուցող
le menu
մենյու
la chaise
աթոռ
la soupe
ապուր
la pizza
պիցցա
la nappe
սփռոց
les couverts
սպասք

les hors d'œuvre

ստարտեր

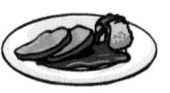

le plat principal

հիմնական կերակուր

le dessert

դեսերտ

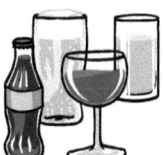

les boissons

օրական

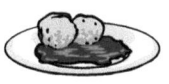

l'alimentation

սնունդ

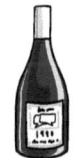

la bouteille

շիշ

le fast-food

արագ սնունդ

les plats à emporter

streetfood

la théière

թեյնիկ

le sucrier

շաքարաման

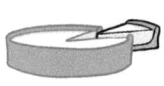

la portion

բաժին

la machine à expresso

էսպրեսսո մեքենա

la chaise haute

մանկական աթոռ

la facture

օրինագիծ

le plateau

սկուտեղ

le couteau

դանակ

la fourchette

պատառաքաղ

la cuillère

գդալ

la cuillère à thé

թեյի գդալ

la serviette

անձեռոցիկ

le verre

ապակի

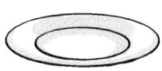

l'assiette

ափսե

l'assiette à soupe

խոր ափսե

la soucoupe

պնակ

la sauce

սոուս

la salière

աղաման

le moulin à poivre

պղպեղի աղաց

le vinaigre

քացախ

l'huile

ձեթ

les épices

համեմունքներ

le ketchup

կետչուպ

la moutarde

մանանեխ

la mayonnaise

մայոնեզ

le supermarché

սուպերմարկետ

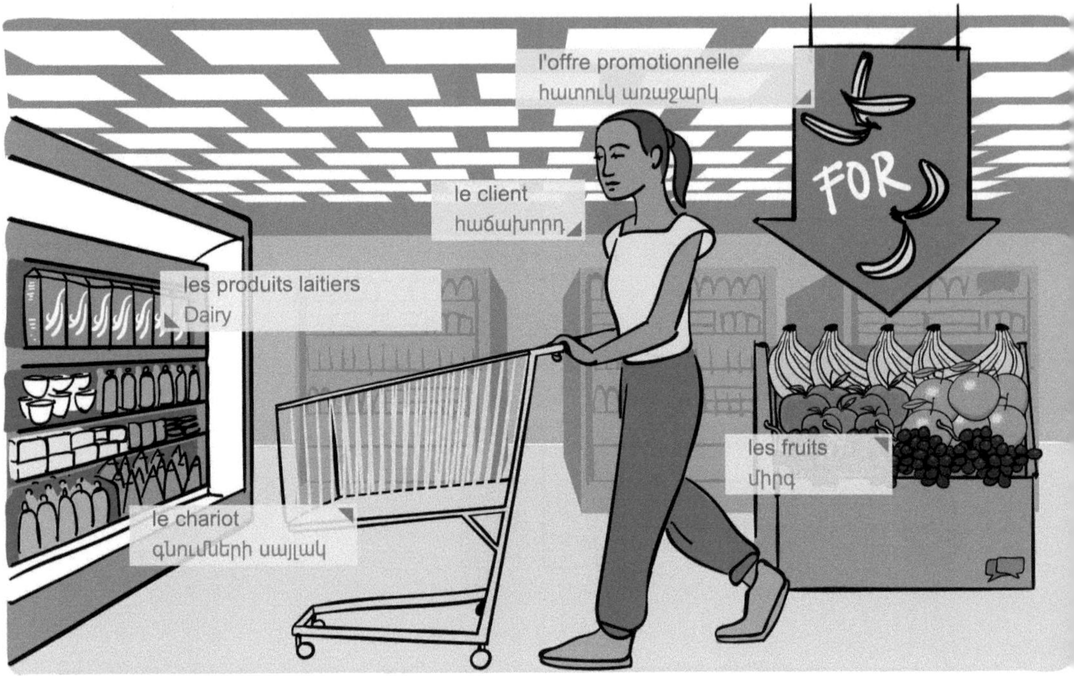

l'offre promotionnelle
հատուկ առաջարկ
FOR
le client
հաճախորդ
les produits laitiers
Dairy
les fruits
միրգ
le chariot
գնումների սայլակ

BUTCHERS

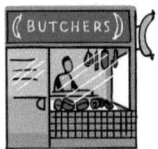

la boucherie

մսամթերքի խանութ

BAKERY

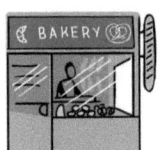

la boulangerie

հացամթերքի խանութ

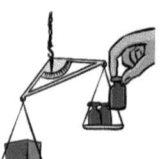

peser

կշռել

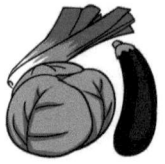

les légumes

բանջարեղեն

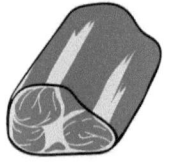

la viande

միս

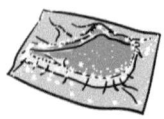

les aliments surgelés

սառեցված սննդամթերքի

la charcuterie

երշիկեղեն

les conserves

պահածոների

la poudre à lessive

լվացքի փոշի

les bonbons

քաղցրավենիք

les articles ménagers

տնտեսական ապրանքներ

les détergents

մաքրող միջոցներ

la vendeuse

վաճառող

la caisse

դրամարկղ

le caissier

գանձապահ

la liste d'achats

գնումների ցուցակ

les heures d'ouverture

ժամերը

le portefeuille

դրամապանակ

la carte de crédit

ԿՐԵԴԻՏ քարտ

le sac

պայուսակ

le sac en plastique

պլաստիկ տոպրակ

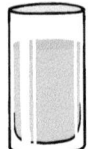

l'eau

ջուր

le jus de fruit

հյութ

le lait

կաթ

le coca

կոլա

le vin

գինի

la bière

գարեջուր

l'alcool

սպիրտ

le chocolat chaud

կակաո

le thé

թեյ

le café

սուրճ

l'expresso

էսպրեսսո

le cappuccino

կապուչինո

la banane

բանան

la pomme

խնձոր

l'orange

նարնջի

le melon

սեխ

le citron.

կիտրոն

la carotte

գազար

l'ail

սխտոր

le bambou

բամբուկ

l'oignon

սոխ

le champignon

սունկ

les noisettes

ընկուզեղեն

les pâtes

արիշտա

les spaghetti

սպագետտի

le riz

բրինձ

la salade

աղցան

les pommes frites

չիպս

les pommes de terre rôties

տապակած կարտոֆիլ

la pizza

պիցցա

le hamburger

համբուրգեր

le sandwich

սենդվիչ

l'escalope

կոտլետ

le jambon

խոզապուխտ

le salami

սալյամի

la saucisse

երշիկ

le poulet

հավ

le rôti

խորովված

le poisson

ձուկ

les flocons d'avoine

վարսակի փաթիլներ

le muesli

մյուսլի

les cornflakes

եգիպտացորենի փաթիլներ

la farine

ալյուր

le croissant

կրուասան

les petits-pains

բուլկի

le pain

հաց

le pain grillé

տոստ

les biscuits

թխվածքաբլիթներ

le beurre

կարագ

le fromage blanc

կաթնաշոռ

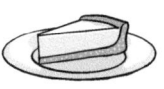

le gâteau

տորթ

l'œuf

ձու

l'œuf au plat

տապակած ձու

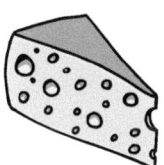

le fromage

պանիր

la glace

պաղպաղակ

le sucre

շաքար

le miel

մեղր

la confiture

ջեմ

la crème nougat

նուգա սերուցք

le curry

կարրի

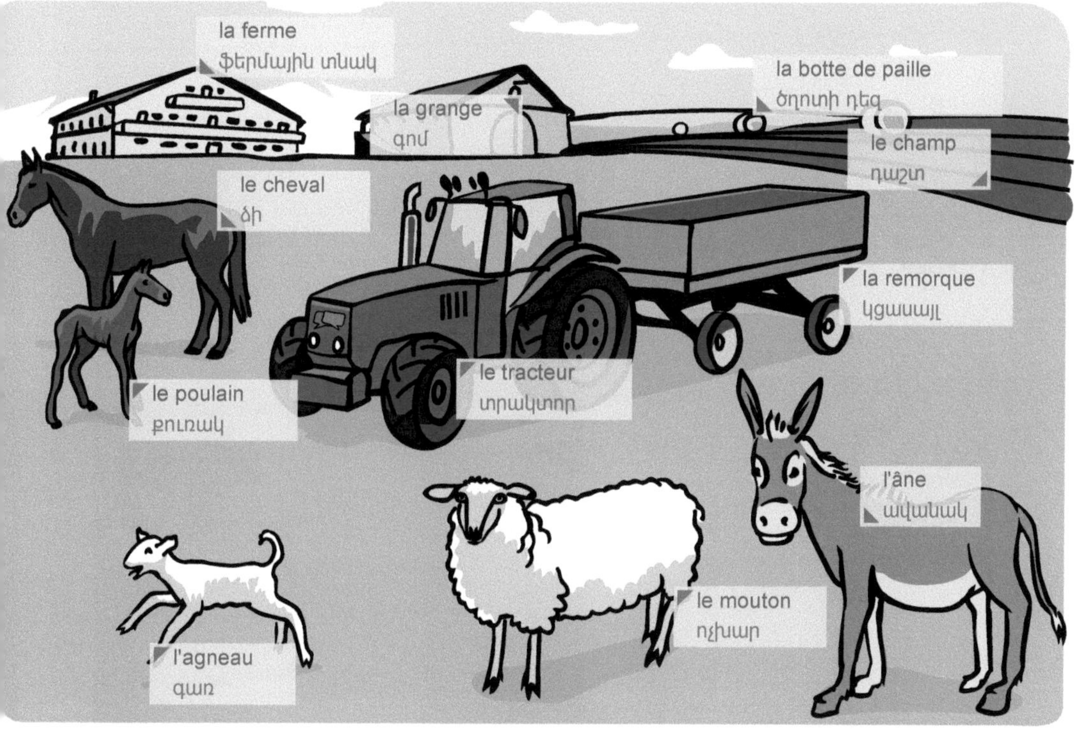

la ferme
ֆերմային տնակ

la grange
գոմ

le cheval
ձի

la botte de paille
ծղոտի դեզ

le champ
դաշտ

la remorque
կցասայլ

le poulain
քուռակ

le tracteur
տրակտոր

l'âne
ավանակ

l'agneau
գառ

le mouton
ոչխար

la chèvre
այծ

la vache
կով

le veau
հորթ

la chèvre
այծ

la vache
կով

le veau
հորթ

le porc
խոզ

le porcelet
խոճկոր

le taureau
ցուլ

l'oie

սագ

le canard

բադ

le poussin

ճուտ

la poule

հավ

le coq

աքլոր

le rat

առնետ

le chat

կատու

la souris

մուկ

le bœuf

ցուլ

le chien

շուն

le chenil

շան բուն

le tuyau de jardin

այգու փողրակ

l'arrosoir

watering կարող է

la faucheuse

գերանդի

la charrue

գութան

la faucille

մանգաղ

la pioche

թոխր

la fourche

եղան

la hache

կացին

la brouette

միանիվ ձեռնասայլակ

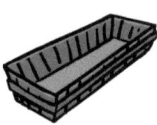

la cuve

կերակրատաշտ

le pot à lait

կաթի բիդոն

le sac

պարկ

la clôture

ցանկապատ

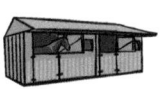

l'étable

կայուն

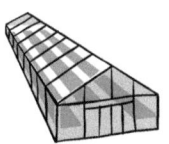

le serre

ջերմոց

le sol

հող

les semences

սերմ

l'engrais

պարարտանյութ

la moissonneuse-batteuse

բերքահավաք կոմբայն

récolter

բերք

la récolte

բերք

l'igname

յամս

le blé

ցորեն

le soja

սոյա

la pomme de terre

կարտոֆիլ

le maïs

եգիպտացորեն

le colza

rapeseed

l'arbre fruitier

մրգային ծառ

le manioc

manioc

les céréales

հիլաներ

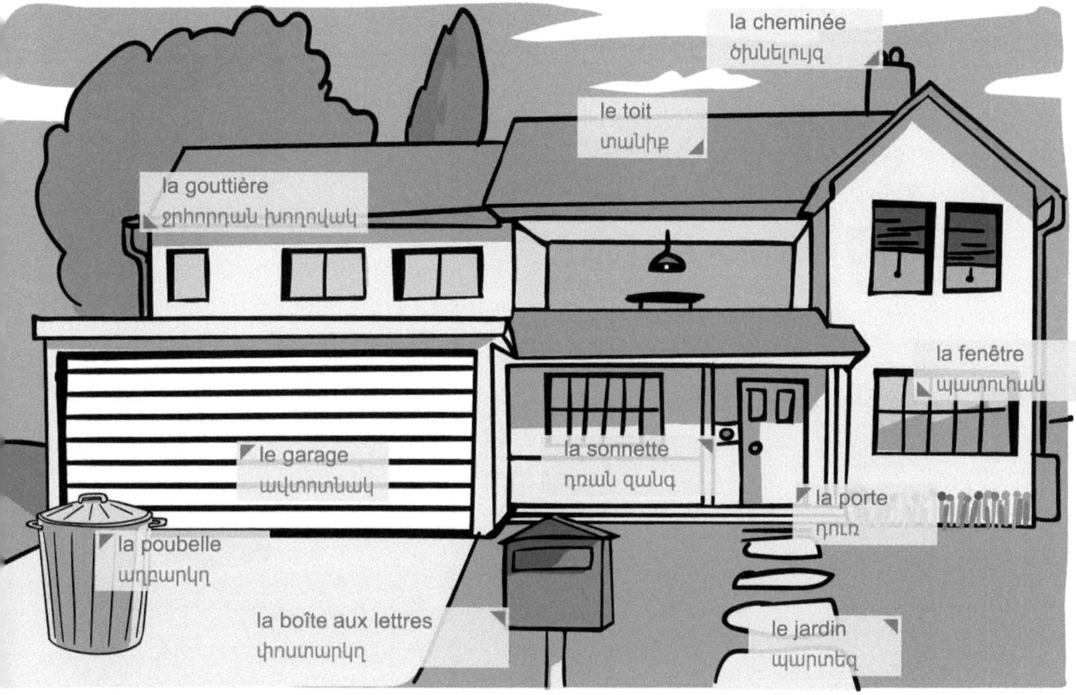

la cheminée
ծխնելույզ

le toit
տանիք

la gouttière
ջրհորդան խողովակ

la fenêtre
պատուհան

le garage
ավտոտնակ

la sonnette
դռան զանգ

la porte
դուռ

la poubelle
աղբարկղ

la boîte aux lettres
փոստարկղ

le jardin
պարտեզ

le salon

հյուրասենյակ

la salle de bain

լոգասենյակ

la cuisine

խոհանոց

la chambre à coucher

ննջարան

la chambre d'enfant

մանկական սենյակ

la salle à manger

ճաշասենյակ

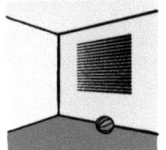

le sol

....

հարկ

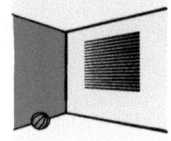

le mur

....

պատ

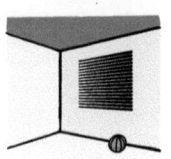

le plafond

....

առաստաղ

la cave

....

նկուղ

le sauna

....

շոգեբաղնիք

le balcon

....

պատշգամբ

la terrasse

....

պատշգամբ

la piscine

....

ավազան

la tondeuse à gazon

....

խոտհնձիչ

la housse

....

թերթ

la couette

....

անկողնու ծածկոց

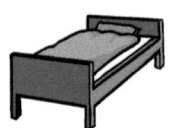

le lit

....

մահճակալ

le balai

....

ավել

le sceau

....

դույլ

l'interrupteur

....

անջատիչ

le salon
հյուրասենյակ

le papier peint
պաստառ
l'image
նկար
la lampe
լամպ
l'étagère
դարակ
l'armoire
բուֆետ
la télé
հեռուստացույց
la cheminée
բուխարի
la fleur
ծաղիկ
le coussin
բարձ
le sofa
բազմոց
le vase
սկահակ
la télécommande
հեռակառավարման
վահանակ

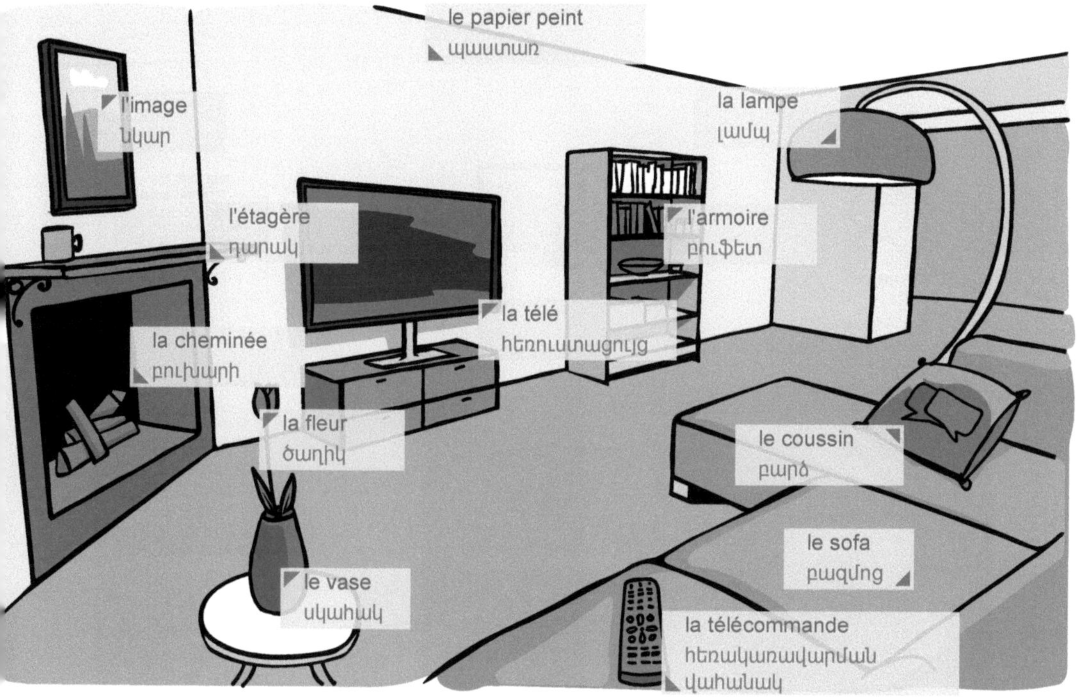

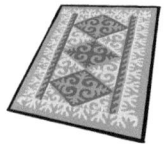

le tapis
....
գորգ

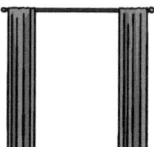

le rideau
....
վարագույր

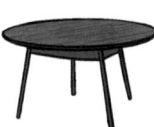

la table
....
սեղան

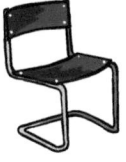

la chaise
....
աթոռ

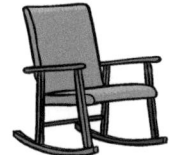

la chaise à bascule
....
ճոճվող բազկաթոռ

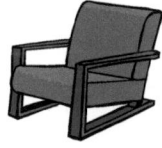

le fauteuil
....
բազկաթոռ

le livre

գիրք

la couverture

վերմակ

la décoration

զարդարանք

le bois de chauffage

վառելափայտ

le film

ֆիլմ

la chaîne hi-fi

hi-fi

la clé

բանալի

le journal

թերթ

la peinture

նկար

le poster

պլակատ

la radio

ռադիո

le bloc-notes

տետր

l'aspirateur

փոշեկուլ

le cactus

կակտուս

la bougie

մոմ

la cuisine
խոհանոց

le réfrigérateur
սառնարանի
le four à micro-ondes
միկրոալիքային վառարան
la balance de cuisine
խոհանոցի կշեռք
le grille-pain
տոստեր
le détergent
լվացող հեղուկ
le four
վառարան
le compartiment congélateur
սառնարան
la poubelle
աղբարկղ
le lave-vaisselle
աման լվացող սարք

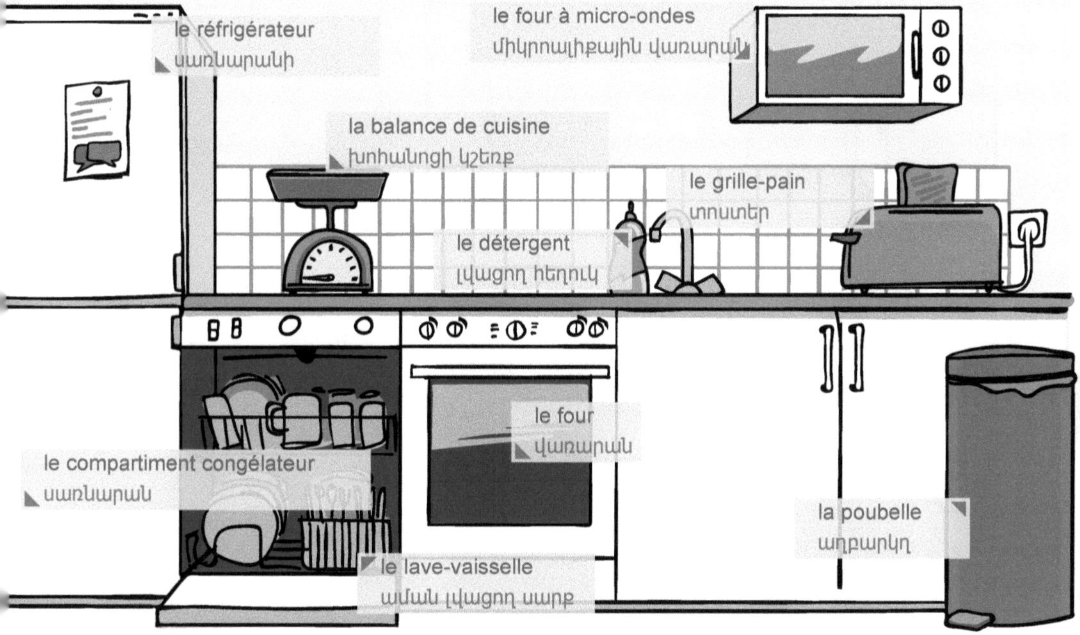

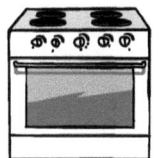

le four

կաթսա

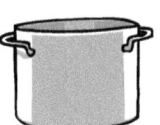

la casserole

կճուճ

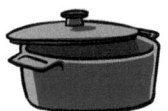

la marmite

թուջե աման

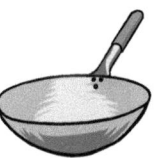

le wok / kadai

wok / kadai

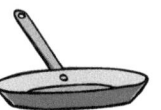

la poêle

թավա

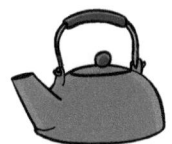

la bouilloire electrique

թեյնիկ

le cuiseur vapeur

շոգենավ

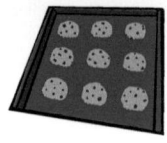

la plaque de cuisson

ջեռոցի սկուտեղ

la vaisselle

ամանեղեն

le gobelet

բաժակ

la coupe

խորը աման

les baguettes

փայտիկներ

la louche

շերեփ

la spatule

խոհանոցային բահիկ

le fouet

հարել

la passoire

քամիչ

le tamis

մաղ

la râpe

քերիչ

le mortier

հավանգ

le barbecue

խորոված

la cheminée

բաց կրակի

la planche à découper

տախտակ

le rouleau à pâtisserie

գրտնակ

le tire-bouchon

խցանահան

la boîte

բանկա

l'ouvre-boîte

բացիչ

les maniques

խոհանոցային բռնիչ

le lavabo

լվացարան

la brosse

խոզանակ

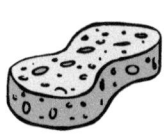

l'éponge

սպունգ

le mixeur

բլենդեր

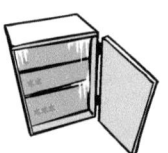

le congélateur

սառնարան

le biberon

մանկական շիշ

le robinet

թակել

la salle de bain

լողասենյակ

la douche
ցնցուղ
le chauffage
ջեռուցում
la serviette
սրբիչ
le rideau de douche
լոգարանի վարագույր
le bain moussant
փրփուրով վաննա
la baignoire
լոգարան
le verre
ապակի
la machine à laver
լվացքի մեքենա
le robinet
թակել
le carrelage
սալիկներ
le pot
մանր
le lavabo
լվացարան

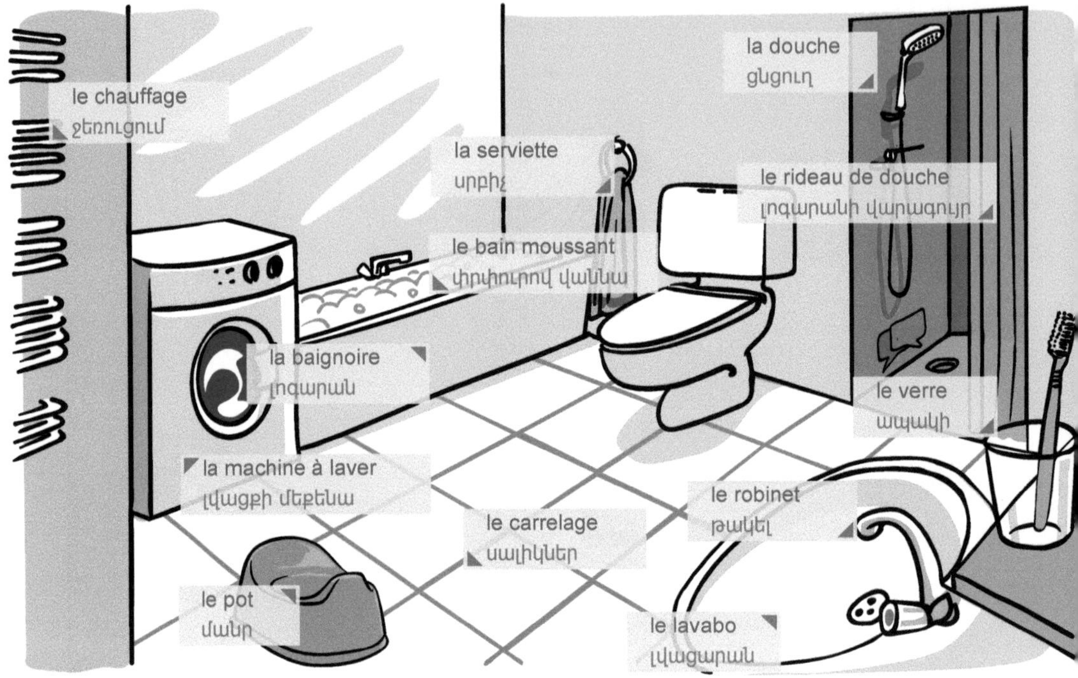

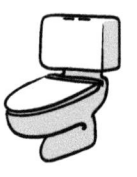

les toilettes

զուգարան

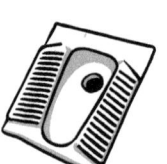

la toilette à la turque

կզելը զուգարան

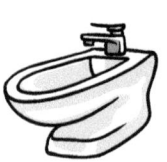

le bidet

բիդե

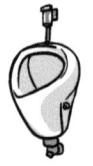

l'urinoir

pissoir

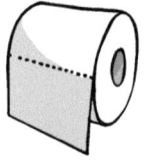

le papier toilette

զուգարանի թուղթ

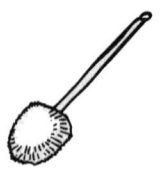

la brosse à toilette

զուգարանի խոզանակ

la brosse à dents

ատամի խոզանակ

le dentifrice

ատամի քսուք

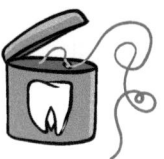

le fil dentaire

ատամի թել

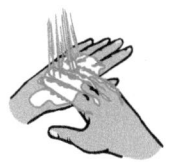

laver

լվանալ

la douche manuelle

ձեռքի ցնցուղ

la douche intime

ցնցուղ

la vasque

ավազան

la brosse dorsale

մեջքի խոզանակ

le savon

օճառ

le gel douche

լոգանքի գել

le shampooing

շամպուն

le gant de toilette

ճիլոպ

l'écoulement

հատակացանցք

la crème

կրեմ

le déodorant

դեզոդորանտ

le miroir

հայելի

le miroir cosmétique

ձեռքի հայելի

le rasoir

սափրիչ

la mousse à raser

Սափրվելու փրփուր

l'après-rasage

սափրվելուց հետո քսվող
լոսյոն

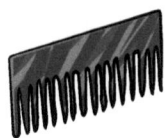

la peigne

սանր

la brosse

խոզանակ

le sèche-cheveux

մազերի չորացուցիչ

la laque pour cheveux

մազի լաք

le fond de teint

դիմահարդարում

le rouge à lèvres

շրթներկ

le vernis à ongles

եղունգների լաք

l'ouate

բամբակ

le coupe-ongles

եղունգների մկրատ

le parfum

օծանելիք

la trousse de toilette

դիմահարդարման
պայուսակ

le tabouret

աթոռակ

le pèse-personne

կշեռք

le peignoir

լոդանալու խալաթ

les gants de nettoyage

ռետինե ձեռնոցներ

le tampon

տամպոն

les serviettes hygiéniques

սանիտարական սրբիչ

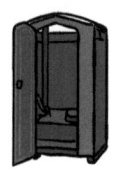

la toilette chimique

քիմիական զուգարան

la chambre d'enfant
Մանկական սենյակ

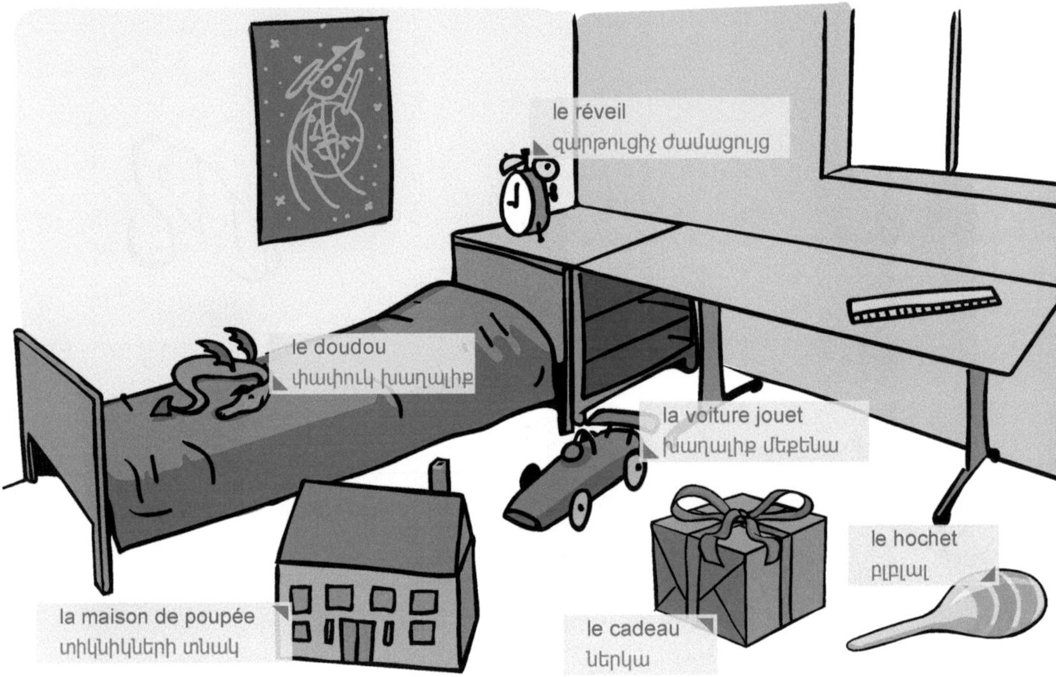

le réveil
զարթուցիչ ժամացույց

le doudou
փափուկ խաղալիք

la voiture jouet
խաղալիք մեքենա

la maison de poupée
տիկնիկների տնակ

le cadeau
ներկա

le hochet
բլբլալ

le ballon

փուչիկ

le lit

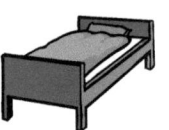

մահճակալ

la poussette

մանկական սայլակ

le jeu de cartes

խաղաթղթեր

le puzzle

խճապատկեր

la bande dessinée

կոմիքս

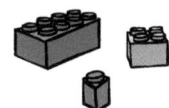

les pièces lego

Լեգո կուբիկներ

les blocs de construction

կառուցողական
խաղալիքներ

la figurine

ակցիան գործիչ

la grenouillère

մանկական բռդի

le frisbee

Frisbee

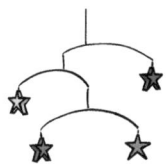

le mobile

շարժական

le jeu de société

խաղատախտակ

le dé

զառախաղ

le train miniature

գնացքների կազմ

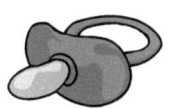

la sucette

ծծակ

la fête

կուսակցություն

le livre d'images

մանկական
պատկերազարդ գիրք

la balle

գնդակ

la poupée

տիկնիկ

jouer

խաղալ

le bac à sable

ավազե խաղահրապարակի

la balançoire

ճիճմ

les jouets

խաղալիքներ

la console de jeu

վիդեո խաղ մխիթարել

le tricycle

եռանիվ հեծանիվ

l'ours en peluche

խաղալիք արջուկ

l'armoire

պահարան

les vêtements

հագուստ

les chaussettes

կիսագուլպա

les bas

գուլպա

le collant

զուգագուլպա

l'écharpe
շարֆ

le parapluie
հովանոց

la ceinture
գոտի

le t-shirt
շապիկ

les bottes
կոշիկ

les pantoufles
հողաթափեր

les baskets
սպորտային կոշիկներ

les sandales
սանդալներ

les chaussures
կոշիկ

les bottes de caoutchouc
ռետինե կոշիկներ

les sous-vêtements
վարտիք

le soutien-gorge
կրծկալ

le maillot de corps
մայկա

le body

մարմին

le pantalon

անդրավարտիք

le jean

ջինս

la jupe

կիսաշրջազգեստ

le chemisier

բլուզ

la chemise

վերնաշապիկ

le pull

պուլովեր

le sweat à capuche

սպորտային կուրտկա

la veste

պիջակ

la veste

կուրտկա

le manteau

վերարկու

l'imperméable

անձրևանոց

le costume

կանացի կոստյում

la robe

զգեստ

la robe de mariée

հարսանյաց զգեստ

le costume

տղամարդու կոստյում

la chemise de nuit

գիշերանոց

le pyjama

պիժամա

le sari

Սարի

le foulard

գլխաշորն

le turban

չալմա

la burqa

չադրա

le caftan

արևելյան խալաթ

l'abaya

հաստ վերարկու

le maillot de bain

կանացի լողազգեստ

le maillot de bain

տղամարդու լողազգեստ

le short

շորտ

la tenue d'entraînement

սպորտային համազգեստ

le tablier

գոգնոց

les gants

ձեռնոցներ

le bouton

կոճակ

les lunettes

ակնոց

le bracelet

ապարանջան

le collier

վզնոց

la bague

մատանի

la boucle d'oreille

ականջող

le bonnet

գլխարկ

le cintre

կախիչ

le chapeau

գլխարկ

la cravate

փողկապ

la fermeture éclair

շղթա

le casque

սաղավարտ

les bretelles

տաբատակալ

l'uniforme scolaire

դպրոցական համազգեստ

l'uniforme

համազգեստ

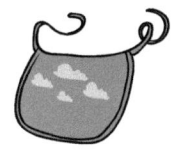

le bavoir

մանկական գոգնոց

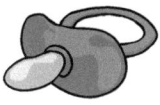

la sucette

ծծակ

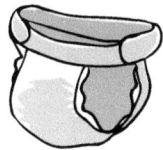

la lange

մանկական տակդիր

le bureau

գրասենյակ

le serveur
սերվեր
l'armoire d'archivage
գրասենյակային պահարան
l'imprimante
տպիչ
le papier
թուղթ
l'écran
մոնիտոր
la souris
մկնիկ
le bureau
գրասեղան
le classeur
թղթապանակ
le clavier
ստեղնաշար
la corbeille à papier
աղբարկղ
la chaise
աթոռ
l'ordinateur
համակարգիչ

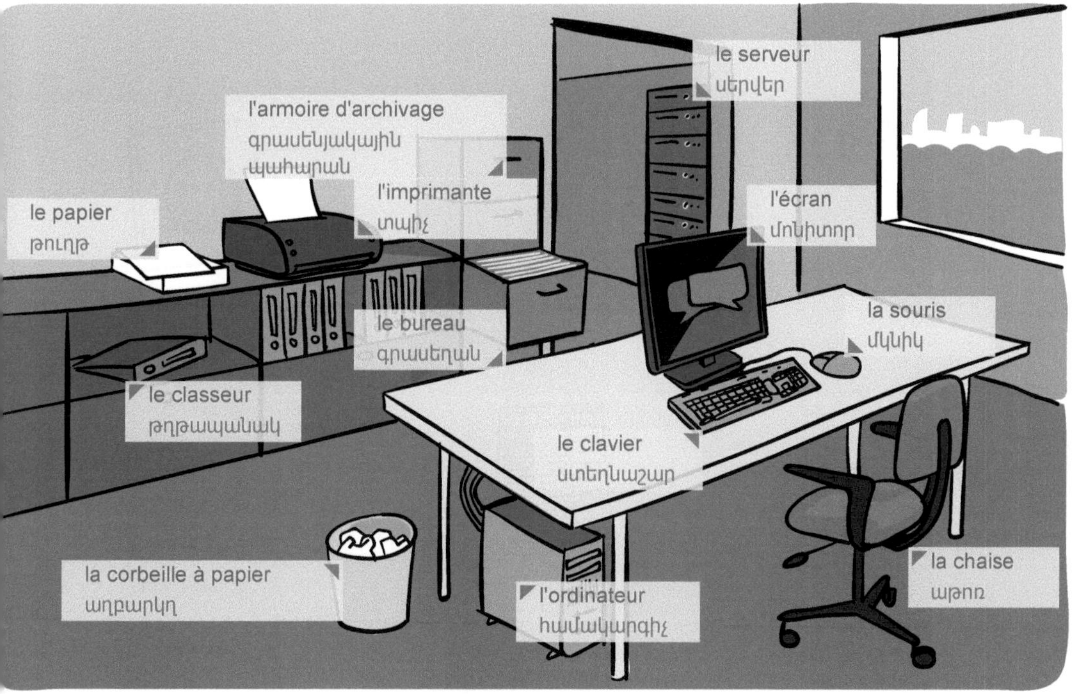

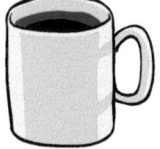

la tasse de café

սուրճի գավաթ

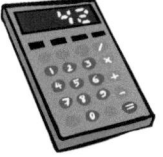

la calculatrice

հաշվիչ

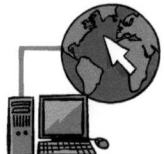

l'internet

ինտերնետ

l'ordinateur portable

laptop

la lettre

նամակ

le message

հաղորդագրություն

le portable

բջջային հեռախոս

le réseau

ցանց

la photocopieuse

պատճենահանման սարք

le logiciel

ծրագրային ապահովում

le téléphone

հեռախոս

la prise

վարդակ

le fax

ֆաքսի մեքենա

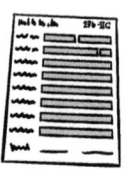

le formulaire

տեսակ

le document

փաստաթուղթ

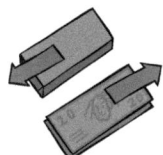

acheter

գնել

payer

վճարել

faire du commerce

առևտրի

la monnaie

փող

le dollar

դոլար

l'euro

եվրո

le yen

իեն

le rouble

ռուբլի

le franc suisse

շվեյցարական ֆրանկ

le renminbi yuan

յուան

la roupie

ռուպի

le distributeur automatique

բանկոմատ

le bureau de change

փոխանակման կետ

l'or

ոսկի

l'argent

արծաթ

le pétrole

նավթ

l'énergie

էներգիա

le prix

գին

le contrat

պայմանագիր

la taxe

հարկ

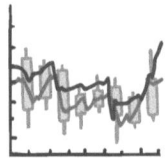

l'action

ակցիաներ

travailler

աշխատանք

l'employé

ծառայող

l'employeur

գործատուն

l'usine

գործարան

le magasin

խանութ

les professions

մասնագիտություն

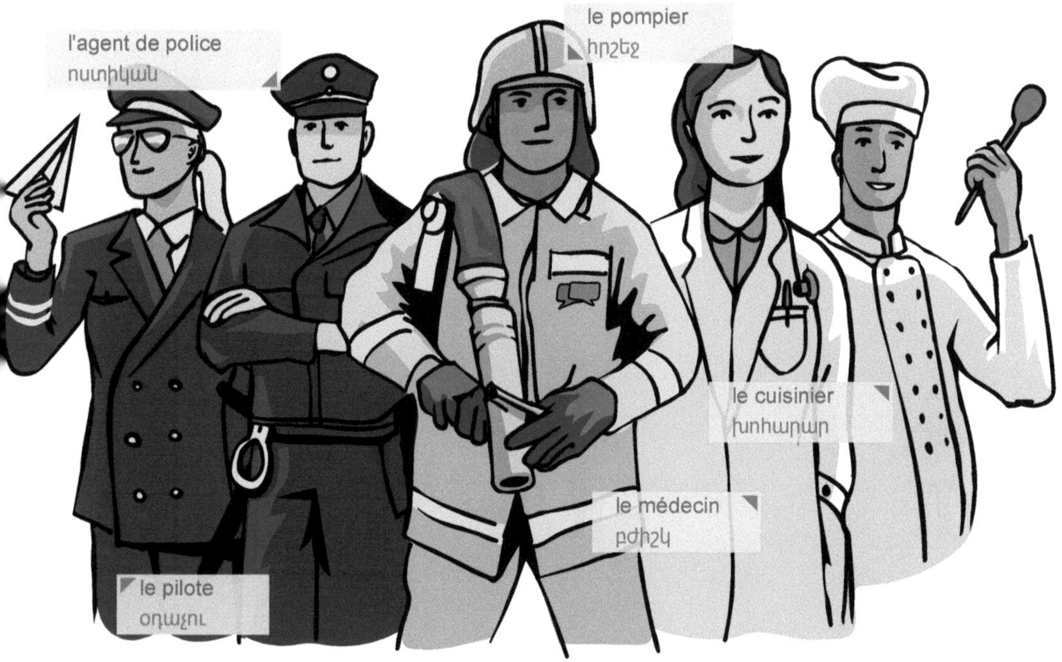

l'agent de police
ոստիկան
le pompier
հրշեջ
le cuisinier
խոհարար
le médecin
բժիշկ
le pilote
օդաչու

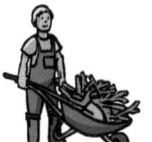

le jardinier

այգեպան

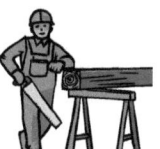

le menuisier

ատաղձագործ

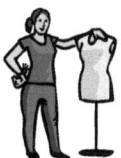

la couturière

դերձակուհի

le juge

դատավոր

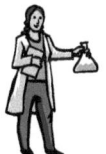

le chimiste

քիմիկոս

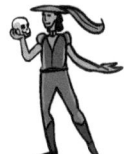

l'acteur

դերասան

le conducteur de bus

ավտոբուսի վարորդ

le chauffeur de taxi

տաքսու վարորդ

le pêcheur

ձկնորս

la femme de ménage

հավաքարար

le couvreur

տանիքագործ

le serveur

մատուցող

le chasseur

որսորդ

le peintre

նկարիչ

le boulanger

հացթուխ

l'électricien

էլեկտրատեխնիկ

l'ouvrier

շինարար

l'ingénieur

ինժեներ

le boucher

մսագործ

le plombier

ջրմուղագործ

le facteur

փոստարար

le soldat

զինվոր

l'architecte

ճարտարապետ

le caissier

գանձապահ

le fleuriste

ծաղկավաճառ

le coiffeur

վարսավիր

le contrôleur

տոմսավաճառ

le mécanicien

մեխանիկ

le capitaine

կապիտան

le dentiste

ատամնաբույժ

le scientifique

գիտնական

le rabbin

ռաբբի

l'imam

Իմամ

le moine

կուսակրոն

le prêtre

հոգևորական

les outils
գործիքներ

le marteau
մուրճ
les pinces
տափակաբերան
աքցան
le tournevis
պտուտակահան
la torche
լապտեր
la clé
դարձակ

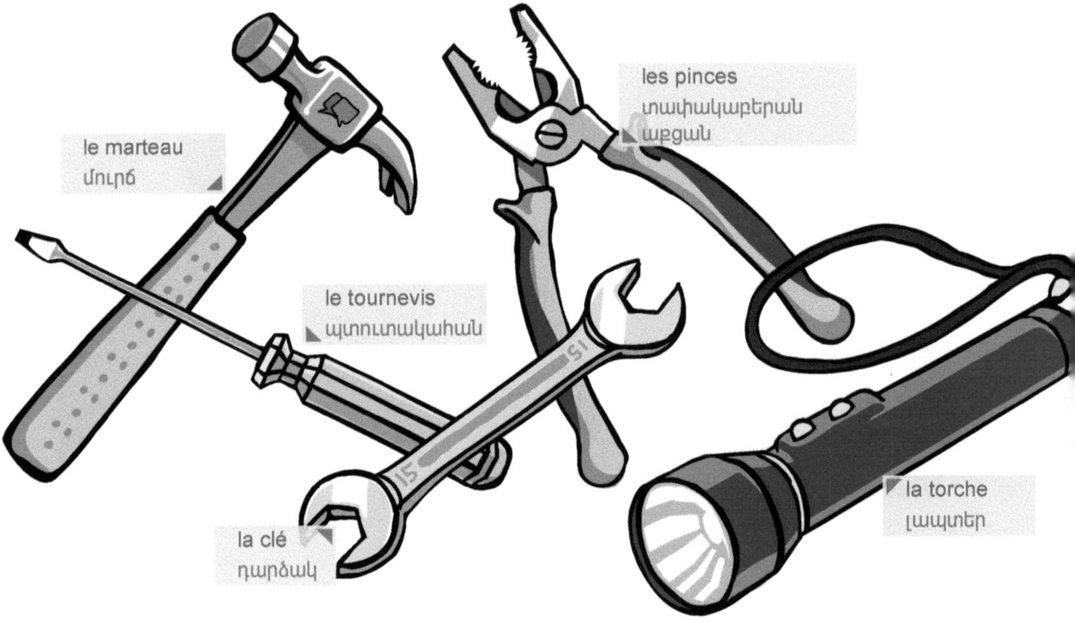

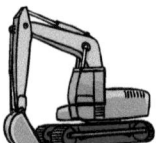

la pelleteuse
էքսկավատոր

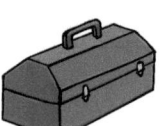

la boîte à outils
գործիքների տուփ

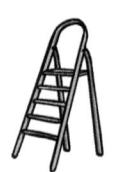

l'échelle
սանդուղք

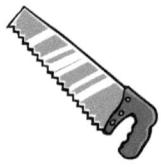

la scie
սղոց

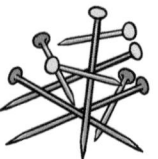

les clous
մեխեր

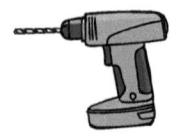

la perceuse
գայլիկոն

réparer

նորոգում

la pelle

բահ

Mince !

գրողը տանի

la pelle

զղզաթիակ

le pot de peinture

ներկաման

les vis

պտուտակներ

les instruments de musique
երաժշտական գործիքներ

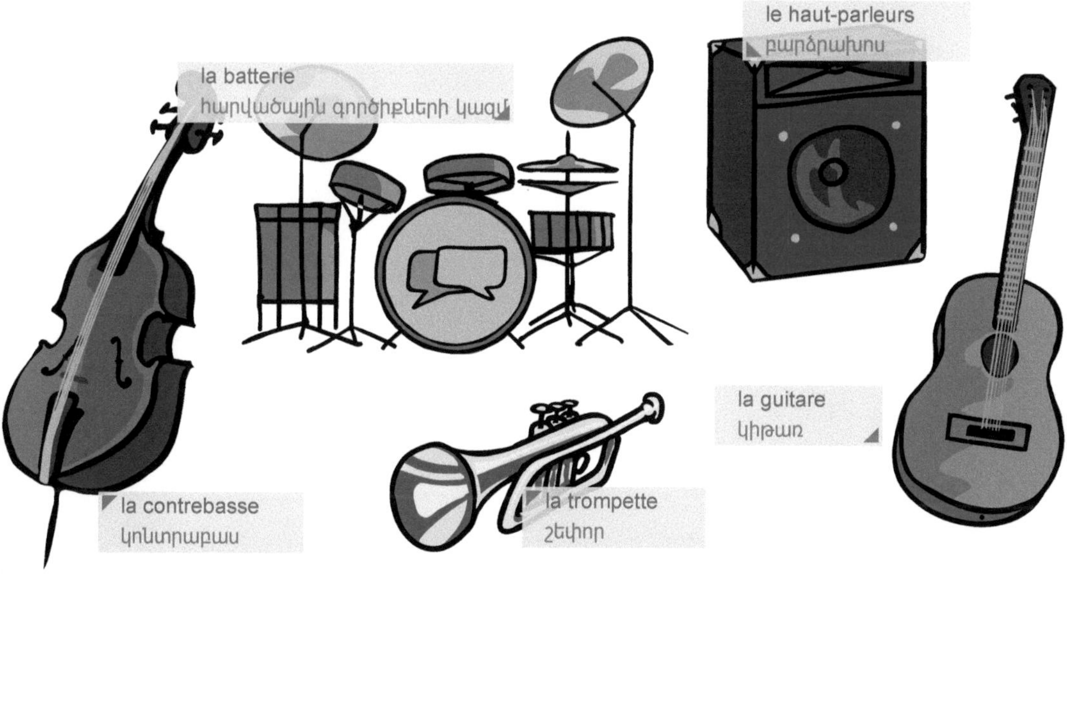

la batterie

հարվածային գործիքների կազմ

le haut-parleurs

բարձրախոս

la guitare

կիթառ

la contrebasse

կոնտրաբաս

la trompette

շեփոր

le piano

դաշնամուր

le violon

ջութակ

la basse

բաս

les timbales

թմբուկներ

le tambour

հարվածային գործիքներ

le piano électrique

ստեղնաշար

le saxophone

սաքսոֆոն

la flûte

ֆլեյտա

le microphone

միկրոֆոն

les instruments de musique - երաժշտական գործիքներ

le zoo

կենդանաբանական այգի

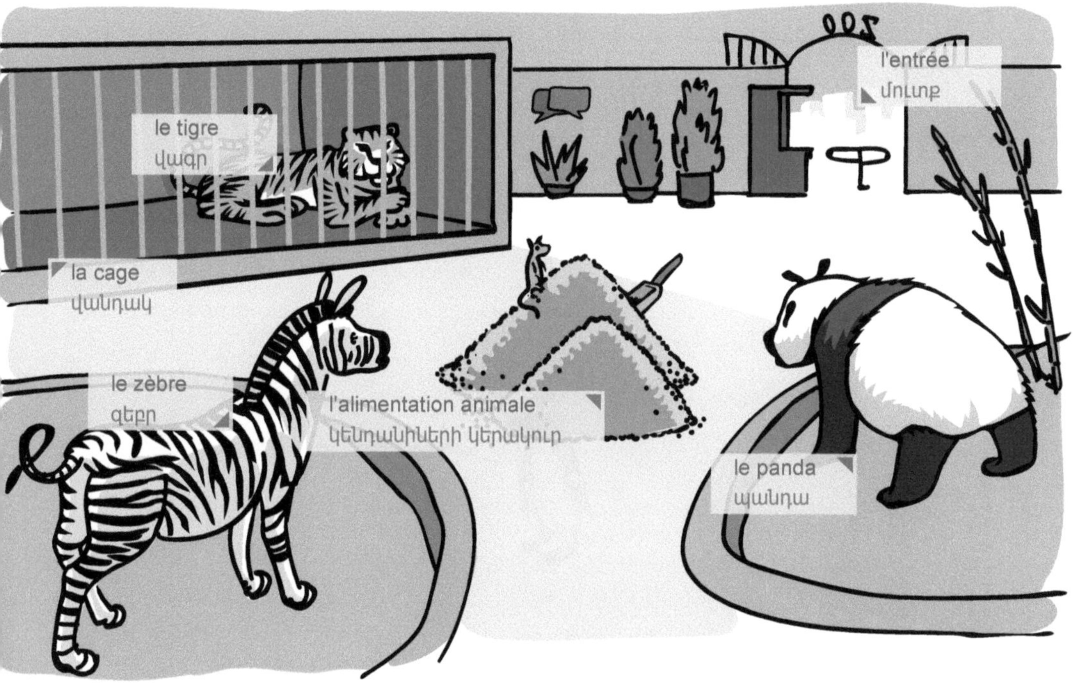
le tigre
վագր
l'entrée
մուտք
la cage
վանդակ
le zèbre
զեբր
l'alimentation animale
կենդանիների կերակուր
le panda
պանդա

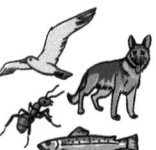

les animaux

կենդանիներ

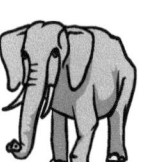

l'éléphant

փիղ

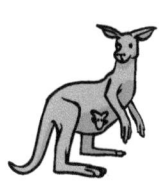

le kangourou

կենգուրու

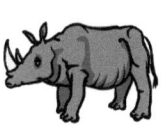

le rhinocéros

ռնգեղջյուր

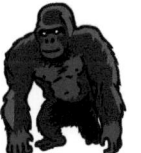

le gorille

գորիլա

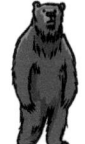

l'ours

գորշ արջ

le chameau

ուղտ

l'autruche

ջայլամ

le lion

առյուծ

le singe

կապիկ

le flamand rose

ֆլամինգո

le perroquet

թութակ

l'ours polaire

բևեռային արջ

le pingouin

պինգվին

le requin

շնաձուկ

le paon

սիրամարգ

le serpent

օձ

le crocodile

կոկորդիլոս

le gardien de zoo

կենդանաբանական այգու
աշխատող

le phoque

փոկ

le jaguar

յագուար

le zoo - կենդանաբանական այգի

le poney

պոնի

le léopard

ընձառյուծ

l'hippopotame

գետաձի

la girafe

ընձուղտ

l'aigle

արծիվ

le sanglier

վարազ

le poisson

ձուկ

la tortue

կրիա

le morse

ծովացուլ

le renard

աղվես

la gazelle

վիթ

l'american Football
ամերիկյան ֆուտբոլ

le cyclisme
հեծանվավազք

le tennis
թենիս

le basket-ball
բասկետբոլ

la natation
լող

la boxe
բռնցքամարտ

le hockey sur glace
հոկեյ

le football
ֆուտբոլ

le badminton
բադմինտոն

l'athlétisme
աթլետիկա

le handball
ձեռքի գնդակ

le ski
դահուկային սպորտ

le polo
պոլո

les activités
գործունեություն

sauter
ցատկել
embrasser
գրկել
rire
ծիծաղել
marcher
քայլել
chanter
երգել
rêver
երազել
prier
աղոթել
faire la bise
համբուրել

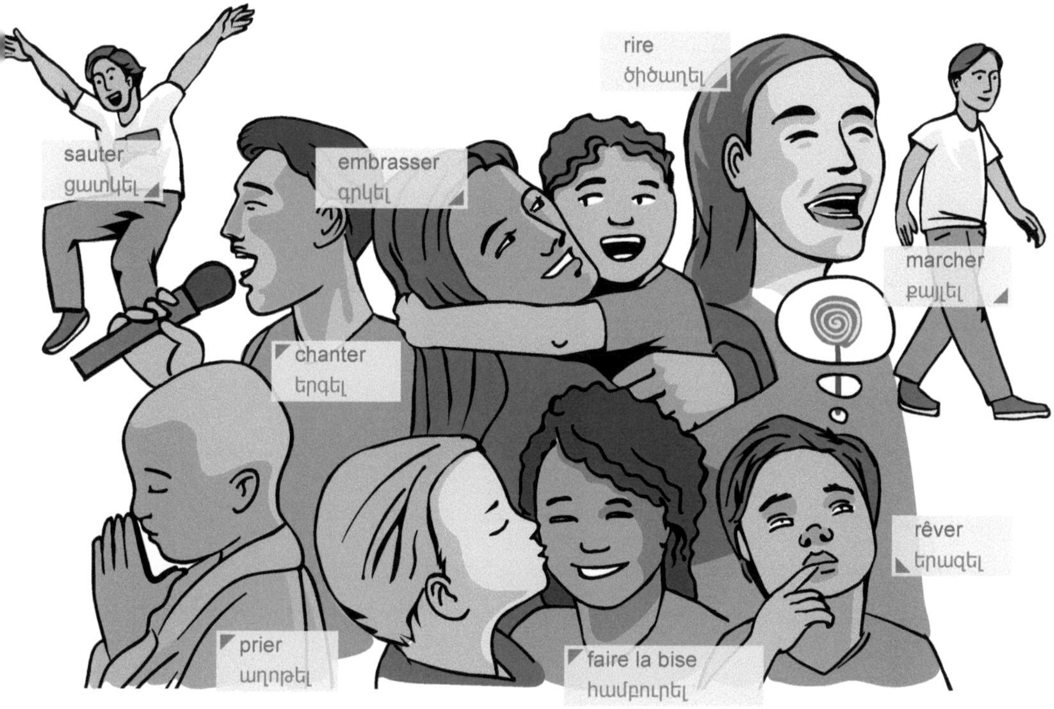

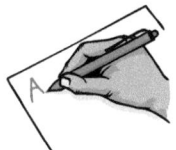

écrire

գրել

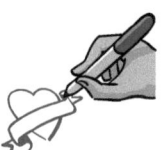

dessiner

նկարել

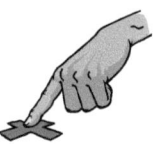

montrer

ցույց տալ

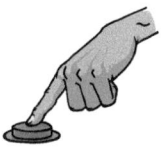

pousser

հրել

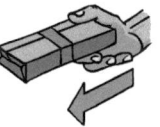

donner

տալ

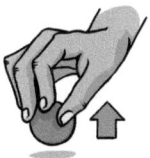

prendre

վերցնել

avoir

ունենալ

faire

դեպի

être

լինել

être debout

կանգնել

courir

վազել

trier

քաշել

jeter

նետել

tomber

ընկնել

être couché

ստել

attendre

սպասել

porter

կրել

être assis

նստել

s'habiller

հագնվել

dormir

քնել

se réveiller

արթնանալ

regarder

նայել

pleurer

լացել

caresser

շոյել

peigner

սանրվել

parler

խոսել

comprendre

հասկանալ

demander

հարցնել

écouter

լսել

boire

խմել

manger

ուտել

ranger

հարդարվել

aimer

սիրել

cuire

խոհարար

conduire

քշել

voler

թռչել

faire de la voile

լողալ

calculer

հաշվել

lire

կարդալ

apprendre

սովորել

travailler

աշխատանք

se marier

ամուսնանալ

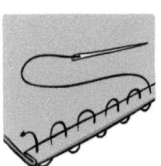

coudre

կարել

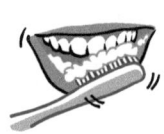

brosser les dents

ատամները լվանալ

tuer

սպանել

fumer

ծուխ

envoyer

ուղարկել

la famille
ընտանիք

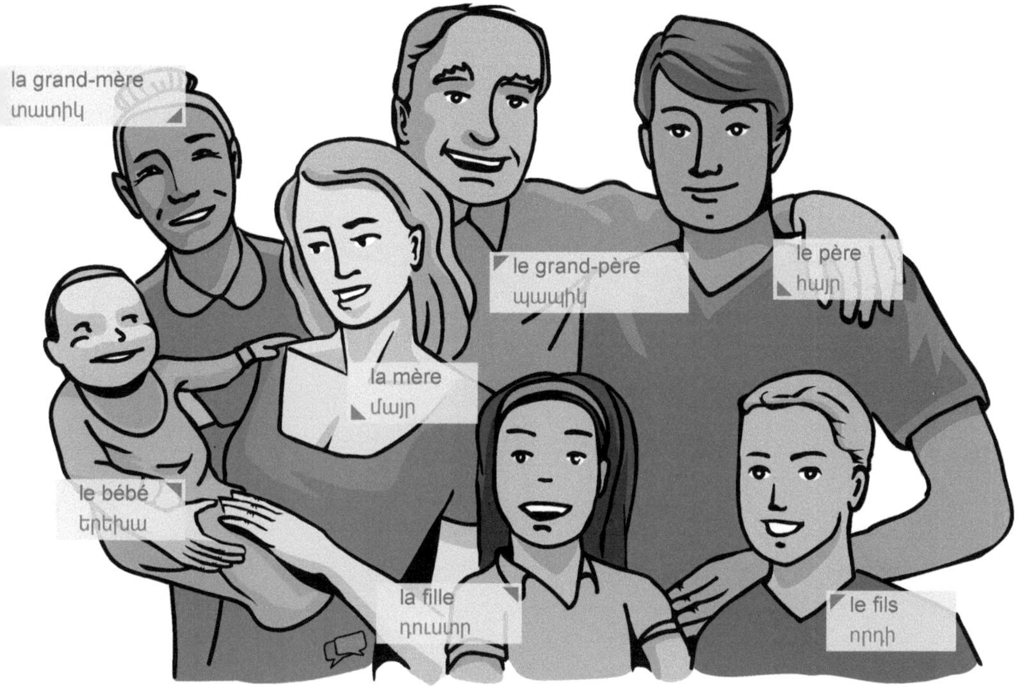
la grand-mère
տատիկ
le grand-père
պապիկ
le père
հայր
la mère
մայր
le bébé
երեխա
la fille
դուստր
le fils
որդի

l'hôte

հյուր

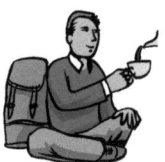

la tante

հորաքույր

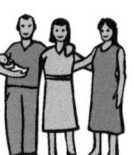

l'oncle

հորեղբայր

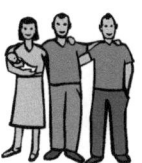

le frère

եղբայր

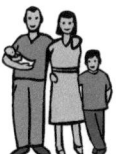

la sœur

քույր

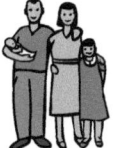

le corps
մարմին

le front
ճակատ
l'œil
աչք
l'épaule
ուս
le doigt
մատ
le visage
դեմք
le menton
կզակ
la main
ձեռք
la jambe
ոտք
la poitrine
կուրծք
le bras
թև

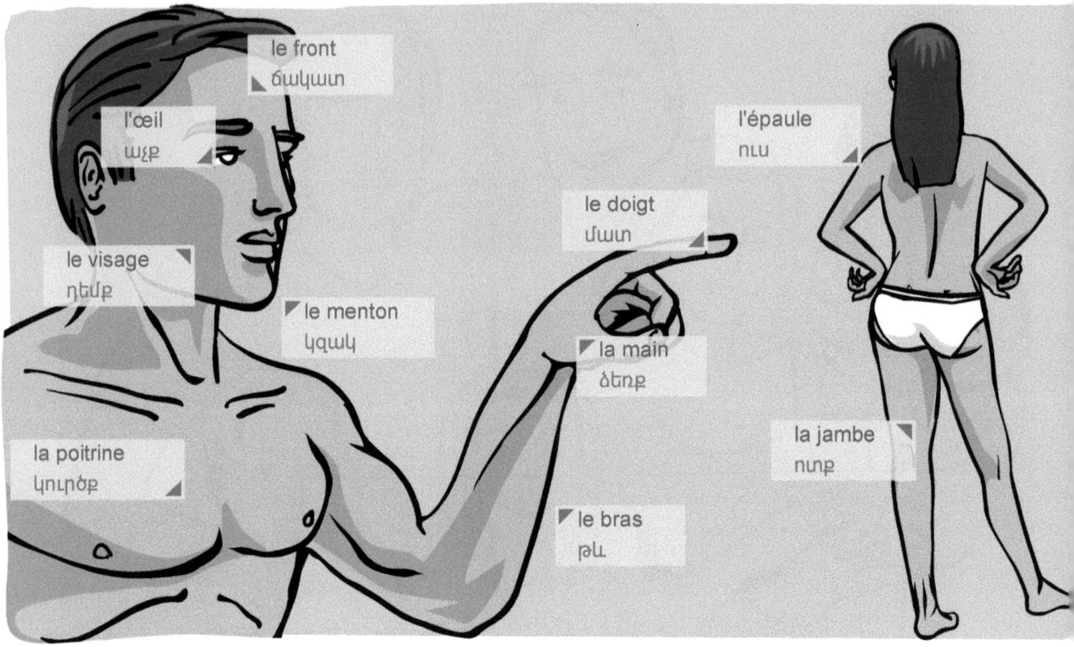

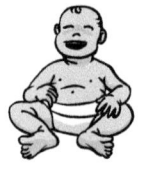

le bébé

երեխա

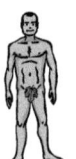

l'homme

մարդ

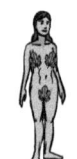

la femme

կին

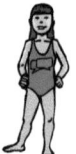

la fille

աղջիկ

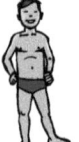

le garçon

տղա

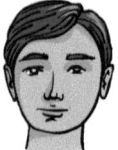

la tête

գլուխ

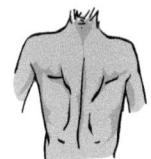

le dos

Մեջք

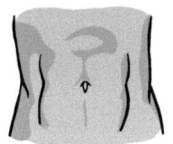

le ventre

փոր

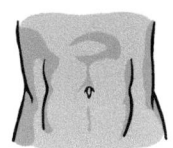

le nombril

պորտ

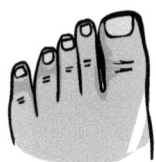

l'orteil

ոտնամատ

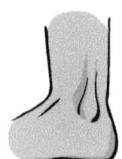

le talon

կրունկ

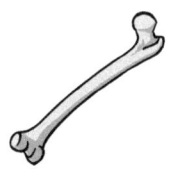

l'os

ոսկոր

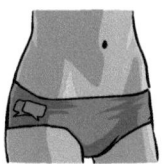

la hanche

ազդր

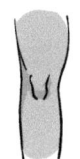

le genou

ծունկ

le coude

արմունկ

le nez

քիթ

les fesses

հետույք

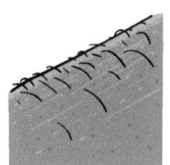

la peau

մաշկ

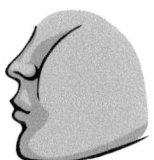

la joue

այտ

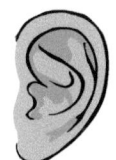

l'oreille

ականջ

la lèvre

շրթունք

la bouche

բերան

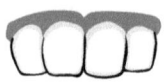

la dent

ատամ

la langue

լեզու

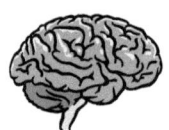

le cerveau

ուղեղ

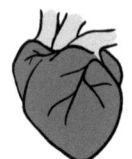

le cœur

սիրտ

le muscle

մկան

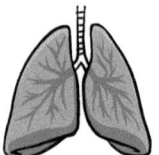

les poumons

թոք

le foie

լյարդ

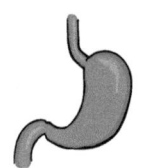

l'estomac

ստամոքս

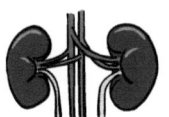

les reins

երիկամներ

le rapport sexuel

սեքս

le préservatif

պահպանակներ

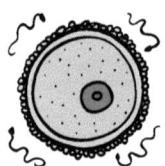

l'ovule

ձվաբջիջը

le sperme

Սերմն

la grossesse

հղիություն

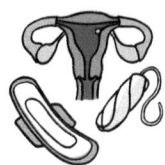

la menstruation

դաշտան

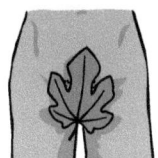

le vagin

հեշտոց

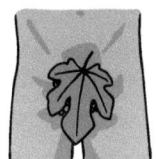

le pénis

առնանդամ

le sourcil

հոնք

les cheveux

մազ

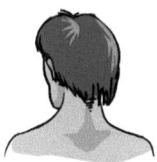

le cou

պարանոց

l'hôpital
հիվանդանոց

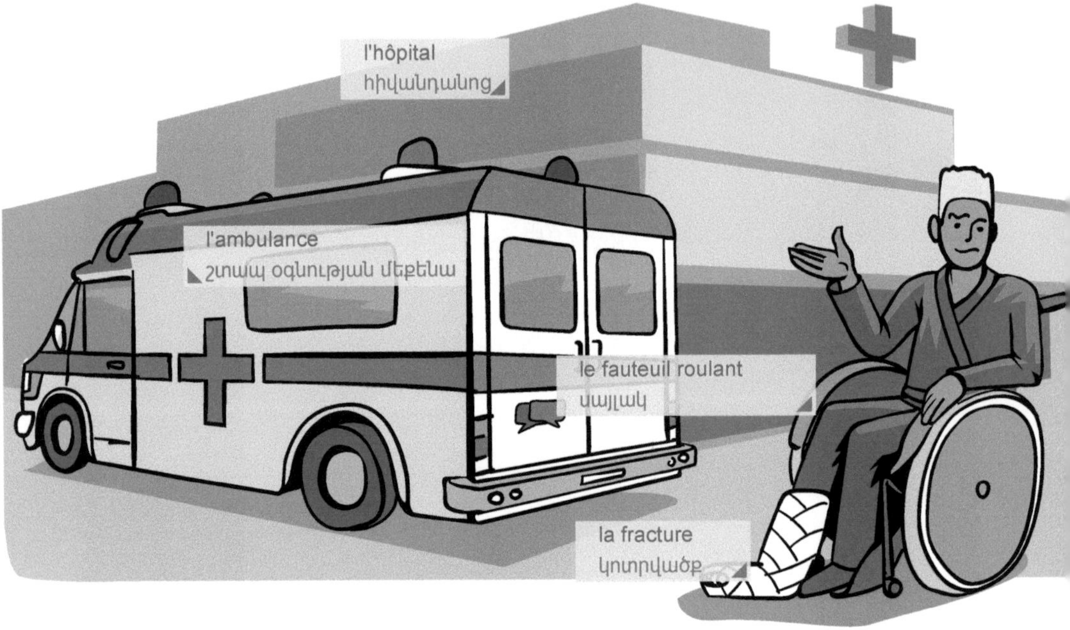

l'hôpital
հիվանդանոց
l'ambulance
շտապ օգնության մեքենա
le fauteuil roulant
սայլակ
la fracture
կոտրվածք

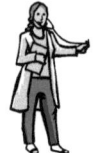

le médecin

բժիշկ

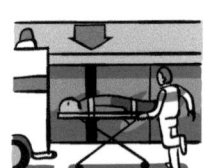

le service des urgences

շտապ օգնության սենյակ

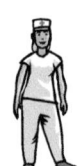

l'infirmière

բուժքույր

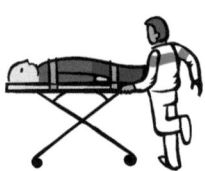

l'urgence

շտապ օգնություն

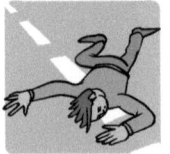

inconscient

անգիտակից

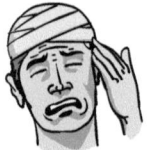

la douleur

ցավ

la blessure

վնասվածք

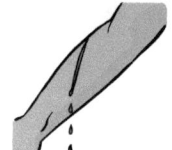

l'hémorragie

արյունահոսություն

la crise cardiaque

սրտի կաթված

l'attaque cérébrale

կաթված

l'allergie

ալերգիա

la toux

հազ

la fièvre

տենդ

la grippe

գրիպ

la diarrhée

փորլուծություն

le mal de tête

գլխացավ

le cancer

քաղցկեղ

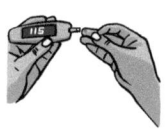

le diabète

դիաբետ

le chirurgien

վիրաբույժ

le scalpel

վիրադանակ

l'opération

վիրահատություն

le CT

CT

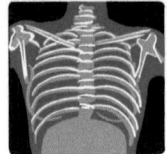

la radiographie

ռենտգեն

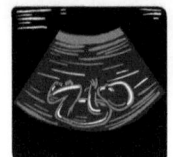

l'échographie

ուլտրաձայնային

le masque

դեմքի դիմակ

la maladie

հիվանդություն

la salle d'attente

սպասարահ

la béquille

հենակ

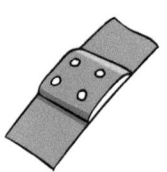

le pansement

սպեղանի

le pansement

վիրակապ

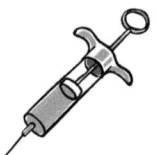

l'injection

ներարկում

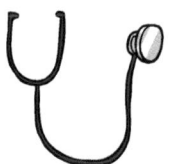

le stéthoscope

լսափողակ

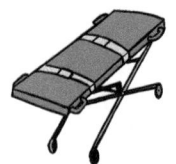

le brancard

պատգարակ

le thermomètre

ջերմաչափ

l'accouchement

ծնունդ

la surcharge pondérale

ավելաքաշ

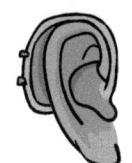

l'appareil auditif

լսելով օգնության

le désinfectant

ախտահանիչ

l'infection

վարակ

le virus

վիրուս

le VIH / le sida

ՄԻԱՎ / ՁԻԱՀ

le médicament

դեղորայք

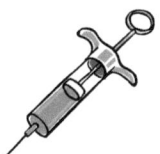

la vaccination

պատվաստում

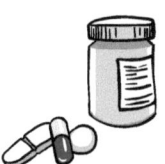

les comprimés

հաբեր

la pilule

հաբ

l'appel d'urgence

ահազանգ

le tensiomètre

արյան ճնշման չափիչ սարք

malade / sain

հիվանդ / առողջ

Au secours !

Օգնություն!

l'alarme

տագնապի ազդանշան

l'assaut

հարձակում

l'attaque

հարձակում

le danger

վտանգ

la sortie de secours

վթարային ելք

Au feu!

Հրդեհ

l'extincteur

կրակմարիչ

l'accident

վթար

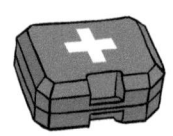

la trousse de premier secours

առաջին օգնության դեղարկղ

SOS

SOS

la police

ոստիկանություն

l'Europe

Եվրոպա

l'Amérique du Nord

Հյուսիսային Ամերիկա

l'Amérique du Sud

Հարավային Ամերիկա

l'Afrique

Աֆրիկա

l'Asie

Ասիա

l'Australie

Ավստրալիա

l'Océan atlantique

Ատլանտյան օվկիանոս

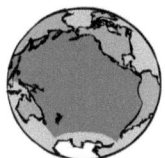

l'Océan pacifique

Խաղաղ օվկիանոս

l'Océan indien

Հնդկական օվկիանոս

l'Océan antarctique

Հարավային Սառուցյալ
օվկիանոս

l'Océan arctique

Հյուսիսային Սառուցյալ
օվկիանոս

le Pôle nord

հյուսիսային բեռ

le Pôle sud

հարավային բևեռ

l'Antarctique

Անտարկտիդա

la terre

երկիր

le pays

ցամաք

la mer

ծով

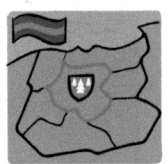

l'île

կղզի

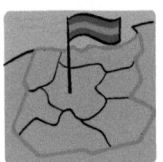

la nation

ազգ

l'état

պետական

le cadran

թվատախտակ

l'aiguille des heures

ժամի սլաք

l'aiguille des minutes

րոպեի սլաք

l'aiguille des secondes

վայրկյանի սլաք

Quelle heure est-il ?

Ժամը քանիսն է?

le jour

օր

le temps

այսպիսով

maintenant

այժմ

la montre digitale

թվային ժամացույց

la minute

րոպե

l'heure

ժամ

շաբաթ

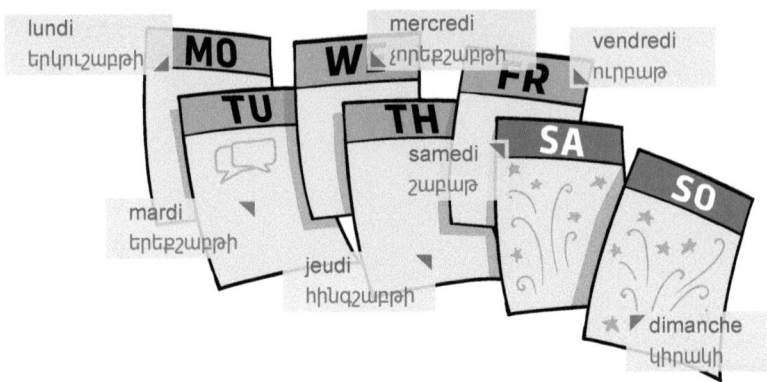

lundi
երկուշաբթի

mardi
երեքշաբթի

mercredi
չորեքշաբթի

jeudi
հինգշաբթի

samedi
շաբաթ

vendredi
ուրբաթ

dimanche
կիրակի

hier

այսօր

aujourd'hui

այսօր

demain

վաղը

le matin

առավոտ

le midi

կեսօր

le soir

երեկո

MO	TU	WE	TH	FR	SA	SU
1	2	3	4	5	6	7
8	9	10	11	12	13	14
15	16	17	18	19	20	21
22	23	24	25	26	27	28
29	30	31	1	2	3	4

les jours ouvrables

աշխատանքային օրեր

MO	TU	WE	TH	FR	SA	SU
1	2	3	4	5	6	7
8	9	10	11	12	13	14
15	16	17	18	19	20	21
22	23	24	25	26	27	28
29	30	31	1	2	3	4

le week-end

շաբաթվա վերջ

la pluie
անձրև

l'arc-en-ciel
ծիածան

la neige
ձյուն

le vent
քամի

le printemps
գարուն

l'automne
աշուն

l'été
ամառ

l'hiver
ձմեռ

4.APRIL	11°	☀
5.APRIL	4°	🌦
6.APRIL	13°	⛈
7.APRIL	8°	❄
8.APRIL	10°	☀

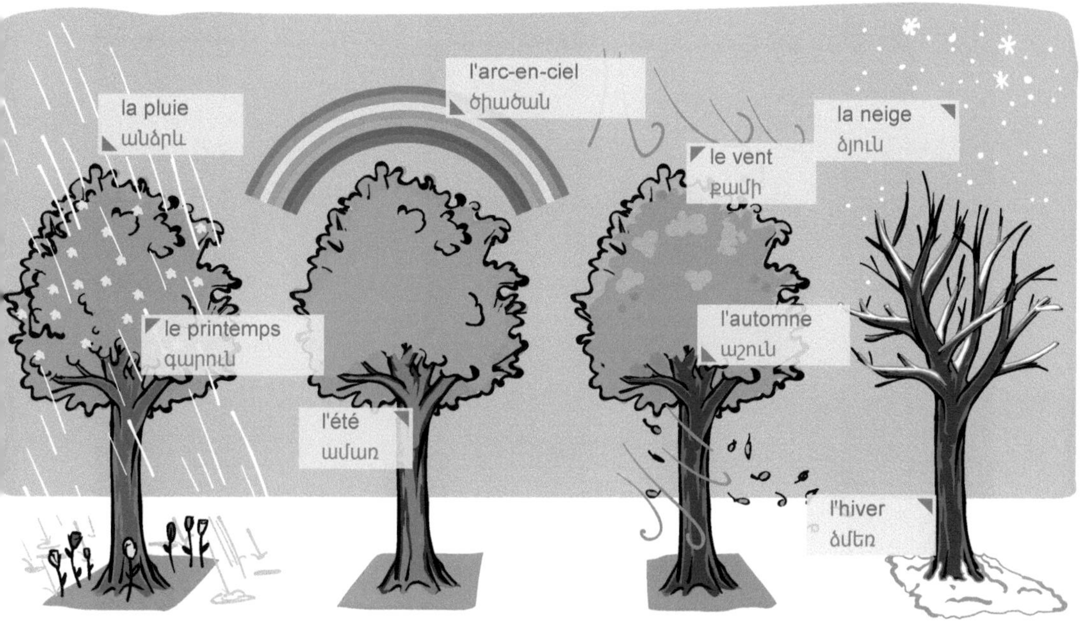

la météo

եղանակի տեսություն

le thermomètre

ջերմաչափ

la lumière du soleil

արևի լույս

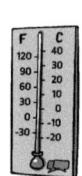

le nuage

ամպ

le brouillard

մառախուղ

l'humidité

խոնավություն

la foudre

կայծակ

la tonnerre

որոտ

la tempête

փոթորիկ

la grêle

կարկուտ

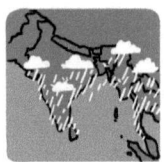

la mousson

մուսոն

l'inondation

ջրհեղեղ

la glace

սառույց

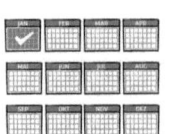

janvier

հունվար

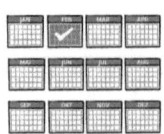

février

փետրվար

mars

մարտ

avril

ապրիլ

mai

մայիս

juin

հունիս

juillet

հուլիս

août

օգոստոս

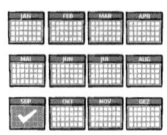

septembre

սեպտեմբեր

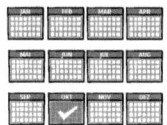

octobre

հոկտեմբեր

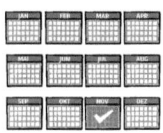

novembre

նոյեմբեր

décembre

դեկտեմբեր

les formes

ձեւավորում

le cercle

շրջան

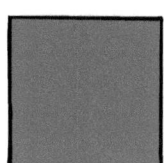

le carré

քառակուսի

le rectangle

ուղղանկյունի

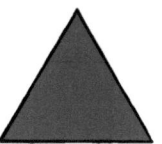

le triangle

եռանկյունի

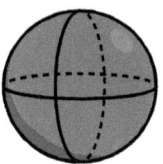

la sphère

ասպարեզ

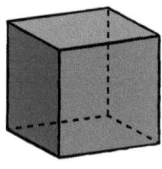

le cube

խորանարդ

blanc

վարդագույն

jaune

մխրագույն

orange

դեղին

rose

մանուշակագույն

rouge

կարմիր

violet

շագանակագույն

bleu

կապույտ

vert

սև

marron

նարնջագույն

gris

սպիտակ

noir

կանաչ

beaucoup / peu

շատ / քիչ

fâché / calme

բարկացած / հանգիստ

joli / laid

գեղեցիկ / տգեղ

le début / la fin

սկսած / վերջը

grand / petit

մեծ / փոքր

clair / obscure

պայծառ / մութ

frère / soeur

եղբայրը / քույրը

propre / sale

մաքուր / կեղտոտ

complet / incomplet

ամբողջական / թերի

le jour / la nuit

օր / գիշեր

mort / vivant

մեռած / կենդանի

large / étroit

լայն / նեղ

comestible / incomestible

ուտելի / անուտելի

méchant / gentil

չար / բարի

excité / ennuyé

հուզված / ձանձրացրել

gros / mince

հաստ / բարակ

le premier / le dernier

առաջին / վերջին

l'ami / l'ennemi

ընկերը / թշնամին

plein / vide

լիքը / դատարկ

dur / souple

կոշտ / փափուկ

lourd / léger

ծանր / թեթև

faim / soif

քաղց / ծարավ

malade / sain

հիվանդ / առողջ

illégal / légal

անօրինական է /
իրավաբանական

intelligent / stupide

Խելացի / հիմարություն

gauche / droite

ձախ / աջ

proche / loin

մոտիկ / հեռու

nouveau / usé

Նոր / օգտագործվում

rien / quelque chose

ոչինչ / ինչ - որ բան

vieux / jeune

ծեր / երիտասարդ

marche / arrêt

միացում անջատում

ouvert / fermé

բաց / փակ

faible / fort

ցածր / բարձր

riche / pauvre

հարուստ / աղքատ

correct / incorrect

ճիշտ / սխալ

rugueux / lisse

անհարթ / հարթ

triste / heureux

տխուր / ուրախ

court / long

կարճ / երկար

lent / rapide

դանդաղ / արագ

mouillé / sec

թաց / չոր

chaud / froid

տաք / թույն

la guerre / la paix

պատերազմ /
խաղաղությունը

les oppositions - հակադիրներ

0

zéro

զրո

1

un / une

մեկ

2

deux

երկու

3

trois

երեք

4

quatre

չորս

5

cinq

հինգ

6

six

վեց

7

sept

յոթ

8

huit

ութ

9

neuf

ինը

10

dix

տաս

11

onze

տասնմեկ

12

douze

տասներկու

13

treize

տասներեք

14

quatorze

տասնչորս

15

quinze

տասնհինգ

16

seize

տասնվեց

17

dix-sept

տասնյոթ

18

dix-huit

տասնութ

19

dix-neuf

տասնինը

20

vingt

քսան

100

cent

հարյուր

1.000

mille

հազար

1.000.000

le million

միլիոն

l'anglais

անգլերեն

l'anglais américain

ամերիկյան անգլերեն

le chinois mandarin

չինարեն մանդարին

le hindi

հինդի

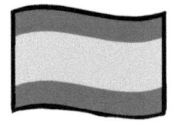

l'espagnol

իսպաներեն

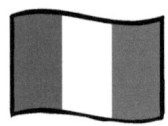

le français

ֆրանսերեն

l'arabe

արաբերեն

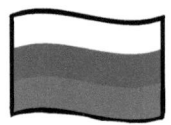

le russe

ռուսերեն

le portugais

պորտուգալերեն

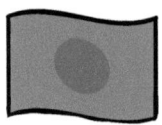

le bengali

բենգալերեն

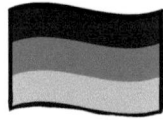

l'allemand

գերմաներեն

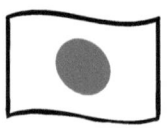

le japonais

ճապոներեն

je

ես

tu

դու՞ք

il / elle / ce, c', cela

Նա / Նա /, որ դա

nous

մենք

vous

դու՞ք

ils / elles

նրանք

Qui ?

Ո՞վ է?

Quoi ?

ի՞նչ?

Comment ?

ինչպես?

Où ?

որտեղ.

Quand ?

ե՞րբ?

le nom

անուն

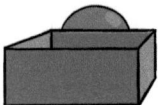

derrière

ետևում

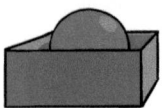

dans

մեջ

devant

դիմաց

au-dessus

վրա

sur

վրա

en-dessous

տակ

à côté de

կողքին

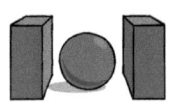

entre

միջև

le lieu

տեղ